EWIGE *VERDAMMNIS?*

Die Berichtigung einer Kirchenlüge

Eine Aufklärung über die neue Bibel und das neue Wort Gottes an die Menschheit des 3. Jahrtausends

Zusammengestellt & bearbeitet von

Hanno Herbst

Titelbild gemalt von

Silvian Sternhagel

Hanno Herbst - Musik & Buch

Petrus:

„Wenn der Herr selbst von sich aussagt, dass Er nicht gekommen sei, um die Welt zu richten, sondern selig zu machen alle, die durch den Glauben an Ihn selig werden wollen, - woher habt denn ihr euch das Recht genommen, eure schwachen Brüder zu richten und für ewig in die Hölle zu verdammen?!“

[Rbl. Bd. 2, Kap. 232, 12]

Zur Buchreihe

„Die großen Lebens- und Kirchenfragen“

Viele Inhalte der Bibel wurden mit den Jahren durch im Geiste *nicht*-erweckte Theologen verändert und falsch ausgelegt, so dass es den Gläubigen unserer Zeit immer schwerer fallen muss, den inneren Sinn des Wortes Gottes zu erfassen und selbst Erleuchtung zu erfahren. Wie zu allen Zeiten der Menschheitsgeschichte leitet der Herr gerade dann Sein reines Wort zur Erde herab, wenn Finsternis und Wirrnisse am größten sind. Wir leben inmitten der verheißenen Zeit der Wiederkunft Christi, doch darunter, wie auch unter dem gesamten Glaubensleben, stellt sich der moderne Mensch heute etwas anderes vor als es in Wahrheit ist und sein sollte. Viel zu materiell sind die Begriffe vom Dasein geworden, als dass ein geistiges Verständnis vom Leben überhaupt noch möglich wäre. Bildung und Erkenntnis sind schon die Grundpfeiler des zeitlichen Lebens. Der Herr möchte in uns, durch die Erkenntnis der Wahrheit des Lebens, Seinen Geist erwecken und unsere Gemüter ausbilden zur Liebe und damit zum ewigen Leben unserer Seelen. Der Glaube an das Wort Christi und dessen Befolgung bilden dafür die Grundlage, jetzt und in Ewigkeit. Gott Selbst, in Seiner Wiederkunft als der Christus, dem Geist der Wahrheit aus Seinem Ur-Lebenszentrum der Liebe, lehrt uns hier persönlich in Seinem wiedergekommenen Wort der Neuoffenbarung.

„Ewige Verdammnis?“

Viele christliche Kirchen und Sekten lehren heute die ewige Verdammnis einer Seele. Solches haben zu sehr im Wohlstand lebende und daher materiell die Bibel lesende und studierende Menschen auf Grund des toten Buchstabensinns aufgebaut, die selbst nie Liebe besaßen, und das schon im alten Testament. Wir dürfen daher die Lehre der ewigen Verdammung als eine große Irrlehre ablehnen, denn Gott, Der die ewige Liebe Selbst ist, verdammt niemals Sein Geschöpf, sondern dieses ist im freien

Willen selbst der Tiefe zugestrebt (!), und stets nur will Er es aus der Tiefe wieder befreien! Dieses Buch berichtigt eine alte Kirchenlüge, beendet das Geschäft mit der Angst und zeichnet ein korrektes Bild von einem Gott, Der die Liebe ist in reinster Wesenheit.

Ewige Verdammnis?

Die Berichtigung einer Kirchenlüge

von Johannes Wilhelm

2. Auflage
Taschenbuchausgabe von 2019
Hanno Herbst Medien

ISBN: 978-3-947465-25-5

Inhaltsverzeichnis

Vorwort

In einem Gemeindebuch steht zusammengefasst: Wer nicht zu uns gehört, ist auf ewig verdammt! Eine andere Gemeinde, die mit einer Verdammnis kein Geschäft mehr machen kann, spricht neuerdings vom Ewigen Tod (!), natürlich immer auf Kosten anderer. Von Gemeinde Nr. 3 kamen welche und begrüßten mich: „Wir wollen Sie bekehren." Da konnte ich mich nicht enthalten sie aufzufordern: „Also bitte, fangen Sie an!"... Ich lag im Krankenhaus mit einer Frau von Gemeinde Nr. 4 zusammen. Ihr Mann war Prediger. Gleich am Tag nach meiner Entlassung kam er und sagte, ich solle umkehren. Ich fragte: „Wohin?" Da ich an meinen Heiland Jesus Christus glaube, müsste ich mich ja von Diesem wenden, und das könne der Herr Prediger wohl kaum verlangen. Da kam es heraus: Zu „seiner" Gemeinde; bloß bei ihnen würde ich einst selig werden.

Diese Beispiele können uns genügen, um die Gefahr völliger Zersplitterung der Christenreligion zu sehen. Solche Wirrnisse gab es in der Urgemeinde auf der Höhe nicht. Sie stand im unmittelbaren Verkehr mit Gott und pflegte eine gesegnete Gemeinschaft.

Heute sucht man aus dem toten Punkt die Stütze. Wie man einst die Satzung über das Gesetz erhob, so heute einen Lehrsatz über die freie geistige Entwicklung. Doch es steht geschrieben:

> ‚Der Buchstabe tötet, aber der Geist macht lebendig' (2. Kor. 3, 6).

Um diesen lebensvollen Geist sollten alle Christen einmütig ringen, wie einst die Pfingstgemeinde zu Jerusalem. Schadet es denn, so jemand katholisch, der andere evangelisch, usw. ist, wenn doch alle besten Willens sind ihrem Schöpfer zu dienen? Solche Basis bringt die Einigung.

Es gibt keinen Grundtext, der von bleibender Verdammnis spricht. Gott ist ein Gott ewiger Erbarmung! Wohl mag jeder wissen, dass Böses eine ungute Folge nach sich zieht. Diese kann sehr lange währen, wo das Prädikat „ewig" anzuwenden ist in unserer beschränkten Zeitbegrifflichkeit. Ein Beispiel: Jemand, der mit viel Schmerzen schlaflos eine ganze Nacht verbringt, wird diese wie eine Ewigkeit empfinden. Da schleichen förmlich die Sekunden. Viel bitterer aber drückt die Seelen- und Gewissensqual. Wer hat die Qual geschaffen? Gott? O nein! Er lässt sie zu, um die Seele zu retten, wenn sie selbst nicht zu Ihm kommt. Können andere über ihre Nächsten es verhängen? Noch viel weniger! Jede Qual kommt aus uns selbst, wenn wir nicht nach Gottes Liebe handeln (!), nicht ein Glied der „Gemeinde aus dem Geiste Gottes“ sind.

Diese Gemeinde ist nicht irdisch. Als Glied kann jeder seiner äußeren Kirche treu bleiben, sofern er nicht am Dogma hängen bleibt. Gemeindeglied wird jedermann vor Gott, der Christi Bergpredigt lebenswahr gestaltet. Wir sollen nicht verdammen, sondern lieben; nicht zerstreuen, sondern sammeln; nicht uneinig sein, sondern uns ergänzen; uns nicht über andere erheben, sondern in der Demut bleiben. Wer sich über andere erhebt, baut sich selber seinen Fall! Wer aber auf den Vater schaut, auf unsern Heiland und Erlöser in Christus, bei dem allein Vergebung ist, der liebt Ihn in der Ehrfurcht und mit Anbetung. Es ist wahr: Wo die Ehrfurcht stirbt, hat man zuvor die Liebe begraben! Mit dieser Liebe kann man alle lieben, auch die Verlorenen und Verirrten, die Gottes Bündnis für sich selber aufgehoben haben. Aber deshalb ist Sein Bund noch lange nicht zerbrochen. Wer braucht denn unsere Liebe mehr als die armen Hingefallenen?!

Von Anita Wolff aus ihrer Vortragsmappe

Kapitel 1

Einleitendes

Falsches Bild von Gott - Verdammungslehre ist Irrlehre

Welches Zerrbild erhalten wir von Gottes Wesen, wenn Er uns als ein Gott des Zornes und der Rache, als ein strenger Richter ohne Erbarmen, hingestellt wird, der immer nur straft und verurteilt, doch niemals Gnade walten lässt; der Seinen Kindern nur diese eine Erdenchance bietet um ewig glückselig werden zu können, ansonsten ER sie verdammt...! Einen solchen Gott werden wir immer nur fürchten können, wir werden aus Furcht Ihm Gehorsam erweisen, wir werden auch seine Gebote nur aus Furcht vor Strafe erfüllen, aber wir werden Ihn niemals lieben können, so wie Er von uns geliebt werden will.

Solange uns von Gott so ein Bild gemalt wird, wandeln wir nicht in der Wahrheit, wir befinden uns in geistiger Finsternis, und wir werden nie unser Ziel erreichen, den Zusammenschluss mit Ihm in Jesus zu finden, denn nur die Liebe bringt solches zuwege, und diese Liebe werden wir kaum für ein Wesen empfinden können, das uns so vorgestellt wird! Gott aber will unsere Liebe gewinnen und vollstes Zutrauen. Er will als treuer Vater von uns erkannt werden, Der mit Seinen Kindern eng verbunden zu sein wünscht durch die Liebe.

Darum müssen wir auch ein rechtes Bild von Ihm gewinnen. Es muss uns die Wahrheit geschenkt werden über Sein Wesen, das in sich Liebe, Weisheit und Macht ist - das höchst vollkommen ist und das wir auch lieben können, wenn wir uns von Seiner Liebe umfangen fühlen, die uns gilt bis in alle Ewigkeit! Einen Gott, der uns straft, wenn wir uns verlaufen haben, den werden wir wohl fürchten, aber nicht lieben können. Er aber straft uns nicht, sondern hilft uns immer nur aus unserem sündhaften Zustand herauszukommen, und Er schenkt uns Kraft und Gnade, damit wir es können. Doch niemals wird Er das Sündig-Gewordene in die Tiefe stürzen, niemals wird Er es verdammen, sondern immer nur es aus der Tiefe emporzuheben suchen, weil es Ihn erbarmt, dass es selbst den Weg zur Tiefe genommen hat.

Alle Mittel, die Gott anwendet um das Gefallene, das Sündig-Gewordene, wieder zur Höhe zu bringen, sind Beweise Seiner Liebe, niemals aber Strafakte, die mit Seiner unendlichen Liebe unvereinbar sind! Und wir brauchen solchen Lehren niemals Glauben zu schenken, die Ihn als einen rächenden und strafenden Gott hinstellen.

So auch dürfen wir die Lehre der ewigen Verdammung als eine große Irrlehre ablehnen, denn Gott, Der die ewige Liebe Selbst ist, verdammt niemals Sein Geschöpf, sondern es ist im freien Willen selbst der Tiefe zugestrebt (!), und stets nur will Er es aus der Tiefe wieder befreien!

Dass Gottes Gerechtigkeit nun aber nicht ausgeschaltet werden darf, erklärt uns nur, dass Er nicht einem Wesen Glückseligkeit schenken kann, das freiwillig sich von Ihm entfernt hat und der Tiefe zugestrebt ist. Doch wenn wir an Ihn denken, dann sollen wir immer nur uns einen gütigen, überaus liebevollen Vater vorstellen, Der stets bereit ist, Seine Liebe zu verschenken an uns, Der aber durch Seine Vollkommenheit auch nicht ungeachtet der ewigen Ordnung wirken kann.

Doch dem Wesen steht jederzeit der Weg offen zu Gott. Auch das Zutiefst-Gefallene braucht nur Ihm die Hände verlangend entgegenzustrecken, und Er wird diese Hände ergreifen und sie emporziehen zur Höhe, weil Seine Liebe und Sein Erbarmen so groß ist, dass Er alle Schuld übersieht, wenn das Wesen freiwillig sich Ihm übergibt. Dann kann Gott die Schuld streichen, weil Er Selbst im Menschen Jesus dafür Sein Blut vergossen hat, also die Schuld getilgt wurde, wie es die Gerechtigkeit fordert.

Wird uns Menschen Sein Wesen in aller Wahrhaftigkeit dargestellt, so wird es uns auch nicht schwerfallen, den Weg zu Ihm zu nehmen im freien Willen.

Doch einen Gott, Den wir fürchten müssen, Dem bringen wir wenig Liebe entgegen, und darum muss uns die reine Wahrheit zugeführt werden! Ein geistiges Wissen, das uns klaren Aufschluss gibt über Jesus Selbst, unseren Gott und Schöpfer, Der unser Vater sein will, denn Irrlehren können uns nicht zur Seligkeit führen!

Darum müssen diese gebrandmarkt werden, denn sie sind von Seinem Gegner ausgegangen, der uns in der Finsternis des Geistes erhalten will, der alles tut, um zu verhindern, dass wir den Weg zu Gott finden, der die Furcht vor Ihm in die Menschenherzen pflanzt, um die Liebe nicht aufkommen zu lassen, die das Kind mit dem Vater verbindet! Gott aber will unsere Liebe gewinnen, und darum wird ER uns auch immer wieder die Wahrheit zuführen über Ihn und Sein Wesen, und wir werden glücklich sein, wenn wir im Licht der Wahrheit stehen und wandeln.

Jesus ist für alle gestorben

Ich möchte hier fragen: Ist Jesus nicht für *alle* gestorben (2.Kor.5, Röm.11,32)?! Das bedeutet, auch für jene, die Ihn nicht in ihrem Erdenleben annehmen wollten oder konnten!

> "Die Toten in Christus werden zuerst auferstehen!" sagt Paulus (1.Tes.4).

Wo ist da die Rede von einer ewigen Verdammung der Geschöpfe eines Gottes, der die ewige Liebe Selbst ist?

Jesus sprach zu den Pharisäern: "Auf dass euch um so mehr Verdammnis überkomme!", jedoch nicht: "Auf dass ihr auf ewig verdammt werdet!". Es ist wahr, dass es eine ewige Verdammnis gibt, doch es gibt keine auf ewig Verdammten! Die Verdammnis ist die Folge der freiwilligen Abkehr des Menschen von Gott, ausgelöst durch Gleichgültigkeit, Lauheit oder Hochmut, mit allen bitteren Folgen der Gottesferne. Kehrt der Mensch aber durch den Glauben an Christus und der Tat nach

Seinem Wort zu Gott zurück, so wird die all-erbarmende Liebe Gottes dem reuigen Kind den Rückweg nicht verwehren, im Gegenteil: Deshalb kam Jesus in die Welt, um ihr das Licht des Lebens zu sein. Um die Brücke über die unüberwindliche Kluft zwischen der ewigen Verdammnis (Gottesferne) und der ewigen Seligkeit in Gott zu bauen! Er kam wegen der Toten, und jeder (!) Mensch ist tot im wahren Sinne, der im Geist noch nicht wiedergeboren ist. Und diese geistige Wiedergeburt ist nicht mit einem bloßen Ja und Bekenntnis zu Christus erreicht, wie heute ebenso falsch gelehrt wird, sondern allein durch die Werke der reinen Liebe, so, wie der Herr sie uns vorgelebt hat. Nur so erwächst im Menschen das Christusleben nach und nach und führt ihn ein in die Erkenntnis Gottes und das innere Wort des Lebens (siehe z.B. Spr. 5 oder Joh 4,13f).

Das Bekenntnis zu Jesus und der der Glaube an Sein Wort sind nur die Vorbedingung, doch ohne die Werke der Liebe ist der Glaube so gut wie keiner! Denn wie bei der Kerze die Wärme das Licht gebiert und beides zusammen als die Flamme in wirkendes

Erscheinen tritt, so gebiert die Liebe die Wahrheit, und beides wirkt im Menschen als der Heilige Geist! So hat ein Mensch, der die Liebe hat, auch das Licht des Lebens, denn er wird sodann vom Heiligen Geist Selbst gelehrt! Er erhält also innere Offenbarungen über die Bibel hinaus, daher auch Paulus sagte:

> "Den Geist dämpfet nicht, die Weissagung verachtet nicht, prüfet alles, das Gute behaltet!" (1.Tes.5).

Verdammungslehre widerspricht Jesu Worten der Bibel

„Wir wissen zwar, dass der Herr die jüdische Kirche durch Moses und durch die Propheten als eine vorbereitende und in allen Teilen auf den Herrn Bezug habende Kirche in den Anfängen gegründet hat, dass aber der Herr bei Seinem Erscheinen in der allerhöchsten Person Christi auf Erden wieder eine zeremonielle und äußere Kirche haben wollte, davon hat Er nie eine noch so leise Bemerkung gemacht, sondern Er stellte als die Grundfesten Seiner Lehre nichts als die alleinige Nächstenliebe auf, und dieser als unentbehrliches Fundament die Liebe zu Gott, indem Er ausdrücklich sagte: „Liebet (ihr Menschen alle, ohne Unterschied) euch untereinander, wie Ich euch geliebt habe und noch liebe, so wird man daraus erkennen, dass ihr wahrhaftig Meine Jünger seid.“

So sagte Er auch, dass Seine Apostel und Jünger niemanden verdammen sollten und niemanden richten, auf dass sie nicht verdammt und gerichtet würden. Ja, der Herr sagte sogar von Sich Selbst aus, dass Er nicht gekommen sei, um die Welt zu richten, sondern selig zu machen und zu suchen, das da verloren ist...

Wie können wir uns also, entgegen dieser ausdrücklichen Lehre Christi, zu Richtern aufwerfen und uns sogar das ewige Verdammungs- und Todesurteil gegenüber Andersgläubigen, die Jesus noch nicht gefunden haben und vielleicht auch auf Erden nicht werden finden können, anmaßen?

Könnte in dieser Hinsicht auf jene von uns, die unsere noch ungläubigen Mitmenschen in die Höllen der Unrettbarkeit mit dem Mund werfen, nicht etwa derjenige Text Christi in Anwendung gebracht werden, wo Er, sichtlich aufgeregt, zu denjenigen spricht, die zu Ihm sagen möchten: Wir haben in Deinem Namen gepredigt, geweissagt und Teufel ausgetrieben:

> „Weichet von Mir, ihr Täter des Übels, Ich habe euch nie gekannt; denn ihr seid es, die da allzeit widerstrebten dem Heiligen Geiste!“ (Mt.7:23)

Aus: J.L., Die Geistige Sonne - Band 1 / 68. Kapitel – Im Streitgespräch mit einem Augustiner. Petrus und Paulus

Niedergefahren zur Hölle

> "Im Geiste ist er auch hingegangen und hat den Geistern im Gefängnis die Botschaft gebracht, auch solchen, die einst ungehorsam waren, als die Langmut Gottes in Noahs Tagen zuwartete. ... Dazu aber ward die Heilsbotschaft den Toten verkündet, auf dass auch sie — dem

> menschlichen Lose entsprechend, zwar leiblich gerichtet — dennoch göttliches Leben haben sollten durch den Geist" (1. Petr. 3,19 ; 4,6)

Diese Worte des Petrus in seinem ersten Brief sind ein hoch bedeutsames biblisches Zeugnis dafür, dass die ewige, unbegrenzte Liebe unseres himmlischen Vaters nicht Halt macht an der Schwelle des irdischen Todes, sondern mit ihrem Erbarmen auch hinüberreicht in das andere, jenseitige Leben, in die "Gefängnisse" der Geister und Seelen, die in der Zeit ihres irdischen Lebens blind und ungehorsam waren. Als ein Beispiel führt Petrus diejenigen an, die in den schlimmen Zeiten Noahs dem göttlichen Geist trotzten und sich nicht von der Hand Gottes leiten lassen wollten. Diese waren zur Zeit Jesu schon viele Jahrhunderte in den geistigen Gefängnissen und Kerkern des Jenseits, in die ihre eigene Hartnäckigkeit sie verbannte.

Nun hören wir durch Petrus, dass der Herr nach Seinem irdischen Tod im Geist, das heißt in Seinem verklärten Seelenleib, zu ihnen hingegangen ist und ihnen die große Heilsbotschaft der ewigen, all-erbarmenden Liebe verkündet hat, damit auch sie noch das selige, göttliche Leben haben sollten durch den Geist. Dieses Hingehen zu den Unseligen in der Verdammnis geschah unmittelbar nach dem Tode des Herrn, solange noch der Leib im Grabe lag. Es war das erste, was, vom Kreuze gestiegen, die Ewige Liebe tat! Und es gibt uns dies einen Begriff, wie wichtig ihr gerade diese Heilsbotschaft an die Geister und Seelen in den Gefängnissen des Jenseits war und auch heute noch ist.

Viele Christen leugnen zwar, dass es auch noch nach dem irdischen Tod eine Gnade, Vollendung und Seligmachung gibt. Sie wollen nur noch Gericht und Urteil und - nach Maßgabe des irdischen Glaubensstandes - entweder ein ewiges, seliges Leben oder eine ewige Verdammnis gelten lassen. Dem widerspricht aber die frohe, beglückende Kunde in dem Briefe des Petrus!

Die Erbarmung des Vaters hat keine Grenzen! Ja des Herrn erstes war es, dass Er vom Kreuze herab gerade den Unseligen in der gerichteten geistigen Welt die Botschaft Seiner großen, versöhnlichen Tat und der allumfassenden Liebe Gottes brachte. Diese endlose Liebe entfaltet der Herr in Seinem neuen Offenbarungswort:

"Da Ich Selbst", so spricht Er in dem Jenseitswerk "Robert Blum", "das ewige Leben bin, so kann Ich nie Wesen für den ewigen Tod erschaffen haben!.. Es steht wohl geschrieben von einem ewigen Tode, welches da ist ein ewig festes Gericht, und dieses Gericht geht hervor aus Meiner ewig unwandelbaren Ordnung. Diese aber ist das sogenannte Zorn- oder besser Eiferfeuer Meines Willens, der ganz natürlich für ewig also unwandelbar verbleiben muss - ansonsten es mit allem Geschaffenen auf einmal aus wäre. Wer sich von der Welt und von ihrer Materie hinreißen lässt, der ist so lange als verloren und tot zu betrachten, als er sich von der gerichteten Materie nicht trennen will. Es muss also der Geschaffenen wegen wohl ein ewiges Gericht, ein ewiges Feuer und einen ewigen Tod geben. Aber darin liegt nicht, dass ein gefangener Geist auch ewig darin verbleiben müsse. - Ist denn Gefängnis und Gefangenschaft nicht zweierlei?! Das Gefängnis ist und bleibt freilich ewig, und das Feuer Meines Eifers darf nimmer erlöschen; aber die Gefangenen bleiben nur so lange im Gefängnisse, bis sie sich bekehrt haben."

Aus „Kreuz und Krone", Lorber Verlag

Keine Silbe in der Schrift von einer ewigen Verwerfung oder Verdammnis eines Geistes

Aus der Neuoffenbarung Jesu. Der Herr berichtet:

»Spricht Joseph: „Nur eines geht mir noch ab: eine Aufhellung über den fast in allen christlichen Religionssekten vorkommenden Begriff der sogenannten ewigen Strafe. Gibt es eine solche, oder gibt es keine? So man für die irdischen Tage ehrlichen und rechtlichen Lebenswandels eine ewige Belohnung erhält, so kann man auch annehmen, dass es füglich auch eine ewige Strafe geben müsse. Denn gebührt hier im Reich der Geister einer kurzen, edlen Tat ein ewiger Lohn, so gebührt demgegenüber auch für eine kurze, böse Tat ein ewiger Strafzustand in der Hölle. Ich finde diese Annahme ganz logisch."

Sage Ich (Jesus): „Du schon, aber Ich nicht – weil Ich mit all dem, was Ich geschaffen habe, unmöglich mehr als nur einen Zweck vor Augen haben konnte! Da Ich Selbst aber das ewige Leben bin, so kann Ich doch nie Wesen für den ewigen Tod erschaffen haben! Eine sogenannte Strafe kann daher nur ein Mittel zur Erreichung des einen Hauptzwecks, nie aber eines gleichsam feindseligen Gegenzwecks sein, daher kann denn auch von einer ewigen Strafe nie die Rede sein."

Spricht Joseph: „Herr, Dir ewig Dank, Liebe und Ehre, das verstehe ich nun ganz! Aber in der Heiligen Schrift steht doch deutlich geschrieben von einem ewigen Feuer, das nimmerdar erlischt, von einem Wurm, der nimmer stirbt! Auch steht geschrieben: ‚Weichet von Mir, ihr Verfluchten, in das ewige Feuer, das dem Teufel und seinen Dienern bereitet ist!‘ – Ja, Herr, ich kenne eine Menge Texte, wo der Hölle und ihres ewigen Feuers sehr handgreiflich gedacht wird. So es aber keine ewige Strafe gibt und es sogar von dem Sträfling selbst abhängt, in ihr zu verbleiben, so lange er will – da sehe ich dann durchaus nicht ein, wie von einem ewigen Feuer in der Schrift die Rede sein kann!“

Rede Ich: „Mein liebster Freund, es steht wohl geschrieben von einem ewigen Tod, der da ist ein ewig festes Gericht, und dieses geht hervor aus Meiner ewigen Ordnung. Diese aber ist das sogenannte Zorn- oder besser Eiferfeuer Meines Willens, der natürlich für ewig unwandelbar verbleiben muss, ansonsten es mit allem Geschaffenen auf einmal völlig aus wäre.

Wer sich nun von der Welt und ihrer Materie hinreißen lässt (die doch notwendig gerichtet bleiben muss, weil sie sonst keine ‚Welt‘ wäre), der ist freilich so lange als verloren und tot zu betrachten, als er sich davon nicht trennen will. Es muss also der Geschaffenen wegen wohl ein ewiges Gericht, ein ewiges Feuer und einen ewigen Tod geben. Aber daraus folgt nicht, dass ein im Gericht gefangener Geist so lange gefangen verbleiben muss, als dieses Gericht an und für sich dauert – so wenig wie auf Erden, so du ein festestes Gefängnis erbaut hättest, die Gefangenen deshalb auch auf die ganze Dauer des Gefängnisses verurteilt werden sollen.

Ist denn nicht ‚Gefängnis‘ und ‚Gefangenschaft‘ zweierlei? Das Gefängnis ist und bleibt freilich ewig, und das Feuer Meines Eifers darf nimmer erlöschen. Aber die Gefangenen bleiben nur so lange im Gefängnis, bis sie sich bekehrt und gebessert haben.

Übrigens steht in der ganzen Schrift nicht eine Silbe von einer ewigen Verwerfung eines Geistes, sondern nur von einer ewigen Verdammnis der Nichtordnung gegenüber Meiner ewigen Ordnung, die notwendig ist, weil sonst nichts bestehen könnte. Das Laster als Wider-Ordnung ist wahrlich ewig verdammt, aber der Lasterhafte nur so lange, als er sich im Laster befindet! Also gibt es auch in Wahrheit eine ewige Hölle, aber keinen Geist, der seiner Laster wegen ewig zur Hölle verdammt wäre, sondern nur bis zu seiner Besserung! – Ich habe wohl zu den Pharisäern gesagt: ‚Darum werdet ihr eine desto längere Verdammnis überkommen!', aber nie: ‚Darum werdet ihr auf ewig verdammt werden!' – Verstehst du nun deine so gefährlich aussehenden Schrifttexte?"«

J.L., Von der Hölle bis zum Himmel, Band 2, Kapitel 226

Die „unübersteigbare Kluft" und die Vergebung von „Todsünden"

Fortsetzung:

»Spricht Joseph: „O Herr, das habe ich wieder vollkommen verstanden. Aber noch einen kleinen Punkt in der Schrift verstehe ich nicht ganz. Und das ist die ‚unübersteigbare Kluft' in der Gleichniserzählung vom reichen Prasser, den Du vor den Augen der Welt in die Hölle gestellt hast. Wenn zwischen denen, die sich im Schoße Abrahams im Himmel befinden und denen, deren schreckliches Los die Hölle ist, eine nimmer übersteigbare Kluft besteht, wie wird dann wohl eine Erlösung aus der Hölle möglich sein? Dass aber daraus schwerlich je eine Erlösung stattfinden dürfte, geht auch noch aus einem andern Lehrtext der Schrift hervor, wo nämlich den sogenannten Sündern gegen den Heiligen Geist entweder eine nur sehr schwere oder gar keine Vergebung zugesichert ist, und das, o Herr, aus Deinem höchst eigenen Munde! Was hat es so nach mit all dem für eine Bewandtnis?“

Sage Ich (Jesus): „Dasselbe, wie die Rechtsgelehrten in der Welt sagen: „Wer etwas selbst so will, dem geschieht kein Unrecht!“ – Die Kluft aber bedeutet wieder den nie übersteigbaren Unterschied zwischen Meiner freiesten Ordnung in den Himmeln und der ihr in allem widerstrebenden Unordnung der Hölle. Dieser Text bezeichnet also nur deren Unvereinbarkeit, nicht aber eine ewige Torsperre für denjenigen, der sich darin befindet.

Dass aber einer, der in sich selbst schon vollkommen zur Hölle wird vermöge seines freiwilligen Austrittes aus Meiner freiesten Ordnung in die notwendig gerichtete Widerordnung – dass ein solcher nicht gar zu bald und zu leicht aus der Hölle kommen wird, versteht sich von selbst. Es ist nur zu bekannt, wie hart es einem Bösestolzen und in allem Herrschsuchts-Hochmut Gefangenen vorkommt, in die Sanftmut und Demut der Himmel überzugehen. So etwas ist wohl keine Unmöglichkeit, aber dennoch eine große Schwierigkeit. Du wirst in Zukunft oft noch erfahren, wie schwer es geht, jemanden völlig aus der Hölle zu heben. Der Stolze kehrt immer wieder zum Stolz zurück, der Unkeusche zur Unkeuschheit, der Träge zur Trägheit, der Neider zum Neid, der Geizhals zum Geiz, der Lügner zur Lüge, der Räuber zum Raub, der Mörder zum Mord, der Rohe zur Rohheit usw. Wenn man ihnen diese Eigenschaften auch tausendmal rügt, verfallen sie doch immer wieder in die gleichen Leidenschaften, sobald ihnen die fürs ewige freie

Leben bedungene Freiheit gegeben wird. Und je öfter sie wieder in einen Rückfall kommen, desto schwächer werden sie stets und desto schwerer wird es ihnen, sich aus den bösen Sünden zu erheben und als lautere Geister in Meine göttliche Freiheit überzugehen. Aber verstehe, bei den Menschengeistern ist vieles unmöglich, was Mir dennoch gar wohl möglich ist. Denn bei Mir sind alle Dinge möglich!"

Spricht Joseph: „Ja, mein heiliger Vater, jetzt sind mir jene Texte klar, die ich auf der Erde wohl geglaubt habe. Aber sie haben auf mich nie einen wohltätigen Eindruck gemacht, obschon ich als Kaiser alles auf die gewissenhafteste Gerechtigkeit halten musste und nicht Gnade üben durfte, wo mir irgendein harter Sünder unterkam. Merkwürdig aber war, dass ich keine harten Richter leiden konnte. Wer von meinen Amtsrichtern die Sünder zu scharf richtete, dem war meine Gunst ferne. Wer aber die Sünder so richtete, dass er dem Sünder wohl die Größe und Schwere seiner Sünde recht genau zeigte, aber bei den Reuigen auf meinen Namen hin den Akt der Gnade übte und dem Sünder nur mildere und leichtere Besserungsstrafen gab, der hatte an mir einen sicheren Freund.

Und so war es auch, wenn ich das Evangelium las. Wenn ich die Verse durchging vom verlorenen Sohn, vom guten Hirten, von der Ehebrecherin im Tempel vor Dir, wenn ich Dich den Zachäus vom Baum herabrufen hörte, den gerechtfertigten Zöllner im Tempel vernahm und Dich mit dem samaritanischen Weib am Jakobsbrunnen heilige Worte tauschen vernahm, da konnte ich mich nie der Tränen erwehren. O welch ein Gefühl hat Dein Wort am Kreuz: ‚Herr, vergib ihnen, denn sie wissen nicht, was sie tun!' in mir stets rege gemacht! – Aber die Stellen, wo Du, wenn schon gerechtestermaßen, die Sünder mit scharfen Fluch-Sätzen zur Hölle wiesest, machten auf mein Gemüt wahrlich keinen Eindruck. Ich sah darin wohl einen gerechten Gott walten, aber Ihm gegenüber nichts als ohnmächtigste Wesen, die sich die Machtschwere ihres Schöpfers und Richters gefallen lassen müssen. Ich zwang wohl mein Herz, diesen allmächtigen Gott aus allen Kräften zu lieben, aber muss jedoch zu meiner Schande gestehen, mein Herz wollte sich in diese Liebe nicht finden. – Ich wurde durch solche Selbstprüfungen dann ein Freimaurer, um da zur tieferen Kenntnis Gottes zu gelangen. Ich habe dabei wohl recht viel gewonnen und las viel von der reinen Liebe zu und in Gott; aber der unerbittliche Richter wollte durchaus nicht untergehen und die Hölle nicht verlöschen. So stellte ich mir auch oft lebendig vor, wie Du, der Du aus Liebe zu den Menschen so viel gelitten hast, um sie glücklich zu machen, eine gerechte Ursache hättest, mit den Sündern unbarmherzig zu sein und ihre Sünden unerbittlich strenge zu ahnden. Aber mein dummes Herz wollte sich dessen ungeachtet in die höchste Liebe zu Dir nie ganz finden.“«

J.L., Von der Hölle bis zum Himmel - Band 2 / 227. Kapitel

Der göttliche Plan kennt keine ewige Verdammnis

Die meisten Menschen treten nach ihrem Leibestod noch unvollendet in die feinstofflichen Jenseits-Sphären ein. Ihnen bietet die göttliche Liebe drüben neue Schulungsstätten, um schließlich alle - wenn auch oftmals auf weit schwierigeren und leidvolleren Wegen - doch noch zur Vollendung zu führen. Denn der göttliche Plan einer allgemeinen Erlösung kennt keine ewige Verdammnis! Um das Endziel zu erreichen, gelangen die noch unreif aus dem Leben scheidenden Seelen im "Jenseits" , d.h. in der irdisch unsichtbaren geistigen Welt zunächst in eine Art Traumleben. Hier wird ihnen zu ihrer Belehrung ein von ihren Schutzmächten geleitetes inner-geistiges Schauen und Erleben zuteil, das je nach ihrer guten oder bösen Gesinnung ein paradiesisch-wonnevolles oder höllisch-qualvolles Empfinden hervorruft. "Himmel und Hölle" sind somit keine Örtlichkeiten, sondern geistige Entwicklungszustände der Seele. - Stark selbstsüchtige, erdgebundene Seelen werden auch durch Wiedereinzeugung (Reinkarnation) auf anderen stofflichen (materiellen) Welten oder zuweilen auch auf unserem Erdplaneten weiter geschult.

Lorber Verlag

Die Liebe Gottes lässt keine ewige Verdammnis Seines Geschöpfes zu

Der Herr:

„Solange das Geistige in der festen Form gebunden ist, kann von gerichteter Materie gesprochen werden, von der Seele, die sich im Gericht befindet, denn sie ist gebannt durch Beschluss Dessen, von Dem sie als Kraft einst ausgegangen ist. Gerichtete Materie ist sonach alles, was in unendlich langen Zeiträumen noch keine wesentliche Veränderung oder Auflösung erfahren hat, was also gewissermaßen noch kein Leben verrät, denn das darin gebundene Geistige ist völlig kraftlos und leidet entsetzliche Qualen, weil es sich nicht selbst befreien kann.

Es ist dies ein erbarmungswürdiger Zustand, es ist ein Zustand, der mit Hölle bezeichnet werden kann, der für das Wesen zur Ewigkeit wird und sich erst dann bessert, wenn das Wesen dem Licht zustrebt, d.h., wenn eine ihm angebotene Unterstützung nicht mehr abgelehnt wird. Es ist die Umgebung, die das Wesen unsagbar quält, denn es befindet sich in tiefster Dunkelheit. Die Materie hält es gefangen, es ist gefesselt und verharrt desto länger im Widerstand gegen Gott und wird immer kraftloser, denn die Liebekraft Gottes mangelt dem Wesen, das sich fern von Ihm hält, und mangelnde Liebekraft Gottes wirkt sich aus in ständiger Verhärtung, und so wird die Kerkerhaft des Geistigen nicht erträglicher mit der Länge der Zeit, sondern eher verschärft, soll das Wesen doch wieder zurückfinden zu Gott, von Dem es sich in freiem Willen entfernt hat, obwohl ihm die Möglichkeit geboten war, sich

Ihm zu nähern.

Dieser Zustand des Verhärtens der Materie tritt ein, wenn dem Geistigen Gottes Liebekraft mangelt, und da das Wesen nun einmal Kraft aus Gott zum Ursprung hat, alles Göttliche selig ist, Unseligkeit aber ein Zustand der Pein, so kann also die Gottferne als Hölle angesehen werden, denn es widerspricht gänzlich dem Urzustand und der Bestimmung des von Gott ausgegangenen Wesenhaften, obgleich ihm auch in der weitesten Entfernung von Gott das Bewusstsein seines Ichs fehlt, aber doch jegliche Qual empfindet.

Doch die Erkenntnis mangelt ihm, denn diese ist die unausbleibliche Folge der Gottferne, in welcher das Wesenhafte steht. Folglich ist auch eine Änderung seines Zustandes, eine Verbesserung seiner Lage eine Frage endlos langer Zeit. Es ist eine Ewigkeit für das gebundene Geistige, und es würde niemals eine Änderung eintreten, so das Wesen allein sie bewirken sollte durch seinen Willen, denn dieser ist bis aufs äußerste geschwächt und erfährt keinen Auftrieb, wenn ihm nicht von Seiten der göttlichen Barmherzigkeit Hilfe geboten wird. Und dieses geschieht unweigerlich, doch welche Zeiten Gott benötigt, um das Ihm widersetzliche Geistige zur Aufgabe seines Widerstandes zu bestimmen, das ist von den Menschen auf dieser Erde nicht zu ermessen, doch gänzlich fallen lässt Gottes Barmherzigkeit keines Seiner Geschöpfe, denn sie sind aus Seiner Liebe hervorgegangen, und die Liebe Gottes hört nimmer auf.

Materielle Schöpfungen sind ein ständiger Beweis der Liebe Gottes, sie sind ein Ausdruck Seiner tiefsten Erbarmung und aber auch ein Zeugnis Seiner Gerechtigkeit. Und wieder findet der Begriff "ewige Zeiten" seine Anwendung, denn ein Mensch kann während seiner Lebensdauer keine Vergehen oder Auflösung oder Veränderung gewisser Schöpfungen feststellen, und diese sind es, die das zur Hölle gerichtete Geistige in sich bergen. Und doch kommt einmal auch für das härteste materielle Schöpfungswerk der Zeitpunkt des Berstens, der das in ihm gebundene geistige Wesen frei gibt.... Einmal ist die Barmherzigkeit Gottes größer als Sein Zorn, und einmal tritt auch das Geistige wieder in den Aufwärtsentwicklungsprozess ein, einmal lassen die Qualen der Hölle nach, sie verringern sich, so der Gerechtigkeit Gottes gegenüber Reue geleistet worden ist.

Dann tritt die Liebe Gottes wieder in Kraft, und sie hebt das zutiefst Gefallene wieder zu Sich empor. Denn die Liebe Gottes überstrahlt alles, die Liebe Gottes lässt keine ewige Verdammnis Seines Geschöpfes zu, für die Liebe Gottes gibt es keine ständige Trennung von Ihm, denn Er verlangt nach Seinen Geschöpfen, und Er lässt nicht von ihnen, sondern sucht sie zu beglücken, weil sie Sein sind und bleiben werden bis in alle Ewigkeit."

B.D.; Nr. 4062 vom 14.06.1947, enthalten in Buch 50

Lehre der Verdammung ist Irrlehre

Der Herr:

„Fürchtet nicht, dass ihr verlorengeht, wenn ihr Mich im Herzen tragt; glaubt nicht, dass ein rächender Gott euch strafen wird für eure Sünden, dass Er kein Erbarmen kennt, dass Er euch auf ewig verdammt. Ich bin ein Gott der Liebe und der Barmherzigkeit, und Ich helfe euch nur immer aus der Tiefe empor, in die ihr selbst euch gestürzt habt im freien Willen. Durch eure Sünde habt ihr euch selbst in einen Zustand versetzt, der unselig ist; ihr habt euch selbst den Leidenszustand geschaffen, in dem ihr euch befindet.

Ich aber werde immer euch beistehen, aus der Tiefe herauszufinden, Ich werde immer wieder euch dazu verhelfen, dass ihr wieder selig werdet, wie ihr es wart im Anbeginn. Das Böse habt ihr selbst gewollt und an euch herangezogen, und die Auswirkung dessen kann niemals Seligkeit sein, sondern ein unseliger Zustand ist Folge dessen, was ihr freiwillig anstrebtet und getan habt.

Euer Gott und Vater aber liebt euch, denn ihr seid aus Seiner Liebe hervorgegangen, und diese Liebe hört nimmer auf. Sie wird also stets bestrebt sein, euch wieder zurückzugewinnen, und sie wird alles tun, euch wieder ein seliges Los zu schaffen, wozu jedoch euer freier Wille gehört. Denn so wie ihr einst freiwillig von Mir gegangen seid, so wie ihr einst freiwillig eine schwere Sünde auf euch geladen habt, so auch müsst ihr freiwillig wieder zu Mir zurückkehren, ihr müsst eure Schuld einsehen, bereuen und um Vergebung der Schuld bitten, und alles wird sein wie im Anbeginn, ihr werdet in der Verbindung mit Mir überaus selig sein.

Also dürft ihr immer glauben an einen Gott der Liebe und Barmherzigkeit, denn ob Ich auch ein gerechter Gott bin, so überlasse Ich euch doch nicht eurem selbstgewählten Schicksal oder belege euch mit Strafen. Darum ist es falsch, zu sagen, dass Ich euch verdamme für eure Sünden, sondern Ich stelle dieser Ansicht das Werk Meiner Liebe und Erbarmung entgegen: Meinen Opfertod am Kreuz für eure Sünden. Wollte Ich euch auf ewig verdammen für eure einstige Sündenschuld, dann wäre Mein Erlösungswerk wahrlich nicht nötig gewesen. So aber gab Ich euch einen Beweis Meiner Liebe und Erbarmung. Ich opferte Mich Selbst, Ich starb für euch, Ich gab für eure Sündenschuld Mein Leben hin am Kreuz.

Schon daraus könnt ihr erkennen, dass die Lehre von der ewigen Verdammnis eine Irrlehre ist, denn Mein Erlösungswerk beweist euch das Gegenteil; es beweist euch einen Gott der Liebe und Erbarmung, Der Sich Selbst hingibt, um eure Schuld zu tilgen, Der also nimmermehr euch auf ewig verdammen wird!

Ein strafender Gott ist kein rechtes Bild von Mir und Meinem Wesen, Der Ich die Liebe bin und nimmermehr Meine Geschöpfe in noch größeres Elend stürzen werde, als sie schon erfahren haben durch ihren Abfall von Mir. Ich will sie wieder zurückgewinnen, und Ich nahm deshalb ihre Schuld auf Mich, um sie zu tilgen, weil Mich das Los alles

Gefallenen erbarmte und Ich ihm empor helfen will zur Höhe. Aber das Geschöpf - der Mensch im letzten Stadium auf der Erde - kann sich auch weigern, Meine Erbarmung anzunehmen, und sich also in weiter Entfernung von Mir eigenwillig bewegen, dann ist er auch unglückselig, dann schafft er sich selbst das Los der Verdammnis, das er aber auch jederzeit selbst beenden kann, wenn er sich nur an Mich wendet, wenn er Mein Erlösungswerk anerkennt und es für sich auch in Anspruch nimmt.

Immer wird er in Mir den liebenden Vater finden, Der Seinem Kind helfen will, Der Selbst nach Seinem Kind verlangt und Er ihm ständig helfend zur Seite steht. Nur, dass Er den freien Willen des Kindes achtet, dass Er es nicht zur Rückkehr zwingt. Dann aber ist auch sein Los so lange unselig, bis die freiwillige Zuwendung zu Mir erfolgt ist.

Ich bin ein Gott der Liebe und der Barmherzigkeit. Doch die Gerechtigkeit, die auch zu Meinem vollkommenen Wesen gehört, verbietet es, euch, die ihr sündig geworden seid durch eigene Schuld, ein seliges Los zu bereiten. Ihr müsst zuvor die Entsühnung eurer Schuld durch Meine Erlösung annehmen, ihr müsst euch zu Mir bekennen in Jesus Christus und zu denen gehören wollen, für die Ich Mein Blut vergossen habe am Kreuz, und ihr werdet wahrlich nicht mehr von einem Gott des Zornes sprechen, Der euch unbarmherzig verdammt. Ihr werdet Meine Liebe an euch selbst erfahren, denn Der eure einstige Sündenschuld auf Sich genommen und sie entsühnt hat, Der wird Sich wieder mit euch vereinen und euch durchstrahlen mit Seiner Liebekraft, und ihr werdet selig sein und bleiben bis in alle Ewigkeit."

B.D., Nr. 7910 vom 04.06.1961, enthalten in Buch 82

Gott verdammt nicht sondern will erlösen

Der Herr:

„Nicht Ich verdamme die Menschen und stoße die Seelen in die Finsternis, sondern sie selbst streben in die Tiefe, sie selbst sprechen sich das Urteil durch ihren Lebenswandel, der so ist, dass der Fürst der Finsternis von ihnen Besitz ergreifen kann und sie in sein Gebiet hinabzieht.

Ich bin ein Gott der Liebe, und Mich dauern alle diese Seelen, weil Mein Prinzip ist, alles zu beglücken, was aus Mir einst hervorgegangen ist. Ich sehe ihre Not, Ich sehe ihren erbarmungswürdigen Zustand und möchte ihnen allen helfen; doch solange sie sich abwenden von Mir, solange sie nicht willig sind, sich von Mir helfen zu lassen, behält sie Mein Gegner fest in der Gewalt, denn ihr Wille gibt ihm das Recht dazu, wie aber auch der umgekehrte Wille Mir das Recht geben würde, ihnen emporzuhelfen zur Höhe.

Ich trage keinem Menschen die Sündenschuld nach, wenngleich Ich als ein Gott der Gerechtigkeit einen Ausgleich, eine Sühne, verlangen muss. Doch Meine erbarmende Liebe hat allen Sündern die Möglichkeit geschaffen, ihrer Sündenschuld ledig zu werden, Meine erbarmende Liebe nahm die Sündenschuld aller auf sich und zahlte das Lösegeld durch den Opfertod am Kreuze. Und doch bleibt es jeder Seele frei gestellt, davon Gebrauch zu machen, weil Ich ihr einen freien Willen gegeben habe, den Ich niemals antasten werde.

Der freie Wille aber ist es, der sie, wenn er falsch gerichtet ist, in die Verdammnis stürzt, in einen Zustand, der so qualvoll ist, dass er gleich ist der furchtbarsten Kerkerhaft, und den sie als von Mir über sich verhängt glaubt und darum Mich als einen rächenden und strafenden Gott ansieht, Der sie verstoßen hat in die Finsternis. Die Seele schafft sich selbst ihr Los, denn was sie ist und wo sie ist, das ist ein im freien Willen angestrebter Zustand, der auch nur geändert werden kann durch eigenen

Willen, der aber auch unverzüglich gebessert wird, wenn die Seele ihre Gedanken Mir zuwendet.

Meine Liebe erfasst jede Seele und verhilft ihr zur Höhe, wenn sie der Höhe, also Mir, zustreben möchte. Ich bin wohl ein Gott der Gerechtigkeit, doch was Ich fordere als Gegenleistung, als Ausgleich für die Sündenschuld der einstigen Auflehnung wider Mich, ist nur die Anerkennung Meines Erlösungswerkes, also die Anerkennung Jesu Christi als Gottes Sohn. So wie sich einst das Geistige abwandte von Mir und fiel, so soll es sich wieder Mir zuwenden in Jesus Christus, um zur Höhe zu steigen.

Ich verlange nur Anerkennung Seiner Göttlichkeit, weil Ich Selbst dann anerkannt werde, Der Ich im Menschen Jesus Mich verkörpert habe auf Erden, um es den Menschen, dem einst von Mir abgefallenen Geistigen, zu erleichtern, die einstige Sünde wiedergutzumachen.

Die Menschen sind in Gottferne, die Menschen sind eigenwillig von Mir gegangenes Geistiges; nicht Ich habe dieses Geistige verdammt, sondern es ist im freien Willen der Tiefe zugestrebt, aus der Ich es wieder empor holen möchte, doch nicht gegen ihren freien Willen sie in eine andere Sphäre versetzen kann.

Ich war und bin und bleibe ewiglich der Gott der Liebe, und selbst Meine Gerechtigkeit wird von Meiner erbarmenden Liebe übertroffen, die einen Weg gesucht hat, der Gerechtigkeit Genüge zu tun (durch das Werk Christi, d. Hg.) und doch den Geschöpfen entgegenzukommen, auf dass sie sich Ihm wieder nähern konnten, wenn sie den Willen dazu hatten.

Meine Liebe wird ewiglich bemüht sein, aus der Tiefe zu erlösen die Seelen, die sich selbst verloren haben; Meine Liebe wird ewiglich ihre helfende Hand ausstrecken, die nur ergriffen zu werden braucht, um der Tiefe entfliehen zu können, denn Ich bin kein strafender, kein verdammender Gott, Ich bin ein Gott der Liebe und der Barmherzigkeit, Der ewig nur beglücken will, was aus Seiner Liebe einst hervorgegangen ist.“

B.D., Nr. 5593 vom 02.02.1953, enthalten in Buch 61

Das Licht der Wahrheit soll den Weg erleuchten

Der Herr:

„In die Wahrheit will Ich euch einführen, wie Ich es euch verheißen habe, denn die Wahrheit allein ist das Licht, das ihr braucht auf Erden, das euch den Weg recht erleuchten soll, der zu Mir führt, zurück in euer Vaterhaus. Ohne Wahrheit wandelt ihr in dichter Finsternis, die Mein Gegner über euch gebreitet hat, weil er es verhindern will, dass ihr den Weg zu Mir findet, und weil er es verhindern will, dass in euch überhaupt das Verlangen nach Mir erwachen könnte.

Darum sucht er, auch Mich Selbst und Mein Wesen zu verzerren; er stellt Mich euch Menschen ganz falsch hin, er gibt euch ein verzerrtes Bild von Mir, er will es verhindern, dass ihr Mich erkennt und Mich lieben lernt. Er stellt Mich als ein Wesen hin, das unvollkommen ist, als einen Gott der Rache und des Zornes, als einen harten, gestrengen Richter, als ein Wesen, dem jegliche Liebe mangelt, ansonsten er nicht von ewiger Verdammnis lehren und in den Menschen dadurch nur Furcht und Angst erwecken würde, was jegliche Liebe zu Mir ausschließt.

Es kann aber eure Rückkehr zu Mir nur die Liebe zuwege bringen. Die Liebe zu Mir muss euch veranlassen, Mich anzustreben und also Meinen Willen zu erfüllen, der wieder nur ein Leben in Liebe ist. Liebe also ist das Grundprinzip Meiner ewigen Ordnung, und ihr müsst in der Wahrheit unterrichtet werden, um einen rechten Begriff des Wesens eures Gottes und Schöpfers zu gewinnen, Der euer Vater sein will und darum um eure Liebe wirbt.

Nur die Wahrheit gibt euch ein klares Bild von Mir und Meinem Wesen, und darum führe Ich euch die Wahrheit zu, weil es dann in euch Licht wird und ihr Mich recht erkennt. Denn sowohl Ich als auch er kämpfen um eure Seelen, und darum will er euch in der Finsternis des Geistes halten, weil das Licht sowohl Mich Selbst als auch sein Wesen enthüllt und ihm dann die Seelen verlorengehen, die im

Licht der Wahrheit Mich erkennen und lieben lernen und Mir dann auch zustreben im freien Willen.

Als Ich über die Erde wandelte, wusste Ich wohl um den lichtlosen Zustand, in dem die Menschheit sich befindet, solange sie nicht von Mir in die Wahrheit eingeführt wird. Und darum gab Ich euch die Verheißung, dass Ich Selbst bei euch bleiben werde bis an der Welt Ende, - dass Ich euch den Tröster senden werde, den Geist der Wahrheit.

Aber immer müsst ihr selbst eure Bereitschaft erklären, ihr müsst das Licht begehren, dass es leuchten möge und euch den Weg erhelle, der zu Mir führt. Dann braucht ihr wahrlich nicht mehr die Finsternis zu fürchten und auch nicht den Fürsten der Finsternis, denn er selbst flieht das Licht, das aus Mir strahlt, - und er wird es immer zu verlöschen suchen, aber ohne Erfolg, weil, wo das Licht von Mir einmal erstrahlen kann, auch Meine Wächter stehen und es schützen vor seinem Einfluss. So liegt es nur an euch Menschen selbst, ob ihr der Finsternis entfliehen wollt.

Ich werde jederzeit euch ein Licht anzünden, das

die Dunkelheit durchbricht, sowie ihr nur nach Licht verlangt. Ich werde euch also immer die Wahrheit aus Mir zuführen, Ich werde durch den Geist euch belehren, wie Ich es auf Erden getan habe, und wenn ihr Meine Belehrungen annehmt und in Meinem Willen nun euren Lebenswandel führt, dann wird es auch in euch selbst hell werden, und ihr erkennt Mich, euren Gott und Vater von Ewigkeit, ihr werdet Mich lieben und Mir zustreben, und dann erfasse Ich euch und lasse euch wahrlich nicht mehr in die Finsternis zurückfallen, dann seht ihr den Weg deutlich vor euch, den ihr gehen müsst, um zu Mir zu gelangen, und ihr legt dann euren Weg, im besseren Falle schon von der Erde aus, ganz bewusst zurück mit dem Ziel, die Höhe zu erreichen, wo Ich Selbst euch erwarte, Der Ich eure Rückkehr ersehne und darum immer helles Licht ausstrahlen werde.

Es wird euch die Wahrheit beglücken, die euch alles enthüllt: eure einstige Bestimmung und Beschaffenheit und euer Ziel, wieder zu sein, was ihr gewesen seid im Anbeginn.“

BD Nr. 7945 vom 19.07.1961, enthalten in Buch 83

Über die Bestimmung der Menschen

Der Herr berichtet aus einer Begebenheit während Seiner drei Lehr- und Wanderjahre auf Erden:

»Sagte Ich (Jesus): „Höre du, Nojed, samt deinen Brüdern Hiponias und Rasan! Ich bin kein Samaritan, wie du es meinst und verstehst, und doch bin Ich auch ein Samaritan; also bin ich auch kein Jude und doch wieder ein Jude; also bin Ich auch kein Heide und doch wieder ein Heide, ansonsten Ich mit den Heiden keinen freundlichen Umgang hätte. Kurz und gut, Ich bin alles mit allem und in allem! Denn wo die Wahrheit, die Liebe und ihr Gutes in vollster Gemeinschaft walten, da bin auch Ich bei allen Menschen auf der ganzen Erde und verdamme niemand, der nach der Wahrheit strebt und ihrem Guten.

Welcher aber aus Welt- und Selbstliebe der Wahrheit und allem Guten aus ihr den Rücken kehrt und somit notwendig sündigt wider die Wahrheit und wider ihr Gutes, welches da ist die reine Liebe in Gott von Ewigkeit, der sündigt auch wider die Ordnung Gottes und wider deren unwandelbare Gerechtigkeit und verdammt sich selbst.

Erkennt er aber sein großes Übel und kehrt zur Wahrheit zurück und fängt an, dieselbe und ihr Gutes zu suchen und danach auch tätig zu werden, dann weicht die Verdammnis in dem Maße von ihm, als in welchem Maße er voll-ernstlich die gefundene Wahrheit zu seiner Lebensrichtschnur macht, und Gott greift ihm da auch unter die Arme und erleuchtet ihm stets mehr und mehr Herz und Verstand und kräftigt seinen Willen, und das gleich dem Heiden wie dem Juden. Und so bin Ich aus dem in Mir wohnenden Geiste Gottes Alles in Allem im Heiden wie im Juden.

Du hältst Mich auch für einen rechten Propheten, und Ich sage es dir, dass Ich auch einer bin, - und bin es doch auch wieder nicht! Denn ein Prophet musste tun, was ihm der Geist Gottes zu tun gebot.

Ich aber bin da Selbst Herr und Diener, schreibe Mir die rechten Wege Selbst vor, und niemand kann Mich zur Rechenschaft ziehen und sagen: „Warum tust du das?“ Denn Ich Selbst bin aus und in Mir die Wahrheit, der Weg und das Leben; und wer nach Meiner Lehre tun wird und glaubt, dass Ich Selbst die Wahrheit, der Weg und das Leben und somit ein gänzlich unabhängiger, freiester Herr bin, der wird auch gleich Mir in sich das ewige Leben haben.

Denn so die Menschen dieser Erde Kinder Gottes werden wollen, so müssen sie in allem so vollkommen zu werden trachten, als wie vollkommen da ist der ewige und heilige Vater im Himmel, der in Sich ist die ewige Wahrheit, die ewige Liebe und Macht und alles das endlos Gute, Gerechte und Herrliche aus ihr. Darum heißt es auch in der Schrift: „Nach Seinem Ebenmaße schuf Gott den Menschen, und zu Seinem Ebenbilde machte Er ihn und blies ihm Seinen Odem ein, auf dass er eine lebendige, freie Seele werde!“

Auf diese Weise sind die Menschen dieser Erde nicht etwa pure Geschöpfe der Allmacht Jehovas, sondern Kinder Seines Geistes, also Seiner Liebe, und somit - wie es auch geschrieben steht - selbst Götter.

So sie aber das sind, was ihnen auch ihr freiester und durch nichts beschränkter Wille laut sagt, da sind sie auch freieste Herren und Richter über sich selbst. Aber vollkommene und Gott völlig ähnliche Herren werden sie erst dann und dadurch, wenn sie den ihnen treu geoffenbarten Willen Gottes zu ihrem eigenen durch das Handeln nach demselben machen, was ihnen auch völlig freisteht.

Darum aber wirkt denn Gott auch nur höchst selten sichtbar unter den Menschen, weil er ihnen schon von Uranbeginn die Fähigkeit aus Sich gegeben hat, sich aus eigener Kraft nach und nach bis zur höchsten, gottähnlichen Lebensstufe erheben zu können.

Wer demnach, sobald er zum Gebrauch seiner Vernunft kommt, die Wahrheit und ihr Gutes zu suchen beginnt und nach dem, was er gefunden hat, auch gleich handelt, der hat schon den rechten Weg betreten, und Gott wird ihm denselben stets mehr und mehr erleuchten und ihn zu Seiner Herrlichkeit führen. Wer aber träge wird, auch durch seinen eigenen Willen, und sich an diese Welt und ihre Lustreize hängt, die nur zur Probung des freien Willens vor die äußeren und vergänglichen Sinne des Materie- oder Leibmenschen gestellt sind, der richtet sich auch selbst freiwillig und macht sich dem, was tot und gerichtet ist, ähnlich, - ist somit auch schon so gut wie gerichtet und tot.

Und dieser Tod ist dann das, was du unter dem Begriff „Hölle“ als Strafe der Seele für ihre Sünden verworfen hast, da du nimmer aus Furcht vor solch einer Strafe die Sünde meiden, wie auch einen Lohnhimmel fürs Handeln nach der erkannten Wahrheit erhoffen willst. Und Ich gebe dir da ganz recht; denn es gibt wahrlich nirgends eine solche Hölle, noch einen solchen Himmel. Und dennoch gibt es eine Hölle und einen Himmel, aber nicht irgend außerhalb des Menschen, sondern in ihm, je nachdem er sich selbst richtet auf die soeben gezeigte Art und Weise.«

J.L., Das Große Evangelium Johannes - Band 9 / 22. Kapitel

Finsternis durch Zurückweisen der Gnadengabe Gottes

Der Herr:

„Die Gnade Gottes darf nicht zurückgewiesen werden! Bedenkt diese Worte, und dann werdet ihr es verstehen, dass die Menschen durch Leid und Elend gehen müssen, um auf einem anderen Wege zum Ziel zu gelangen, was sie mühelos erreichen könnten durch Nutzung Meiner Gnade.

Ich ringe um eine jede Seele, Ich will nicht, dass sie verlorengehe, und darum trete Ich ihr mit Meiner Gnade immer wieder entgegen; Ich will ihr helfen, zum Ziel zu gelangen, weil Ich weiß, dass sie allein zu schwach ist, ernstlich das Ziel anzustreben, sich zu erlösen. Wo ihr also dazu die Kraft mangelt, spendet Meine Liebe ihr Gnade ohne Maß, und sie braucht nur sich ohne Widerstand der Wirkung Meiner Gnade hingeben, sie braucht nur sich ziehen zu lassen von Meiner Liebe und also die Gnadengabe nutzen - und sie wird gerettet sein für ewig.

Doch in ihrer Blindheit erkennen die Menschen nicht Meine Liebe und weisen daher auch Meine Gnade zurück. Ich aber habe dennoch Erbarmen mit ihnen und trage ihrem Dunkelheitszustand Rechnung, denn Ich verdamme die Menschen nicht, nur sie selbst befreien sich nicht aus den Fesseln des Satans, die gleich sind der Verdammnis, weil sie völlige Gottferne bedeuten. Ich habe Erbarmen mit den blinden und unwissenden Menschen und trete ihnen deshalb immer und immer wieder in den Weg. Sie weisen Mich und Meine Gnadengabe wohl ab, aber ihnen mangelt es an der Erkenntnis dessen, was sie tun, und darum verstoße ich sie nicht, sondern werbe um sie fort und fort.

Wer aber Meine Gnade zurückweist, sie aber erkannt hat als Gnade, der versündigt sich wider Meine Liebe und hat kein Erbarmen zu erwarten. Auch ihm trete Ich zwar immer wieder näher, doch weit schwerer zu erkennen als zuvor, weil Ich mit schmerzvollen Mitteln sein Herz zu erweichen suche und er Mich in solchen Mitteln nur schwer zu erkennen vermag. Auch das Leid ist eine Gnadengabe, weil es den Menschen zu Mir führen soll, so er den Weg allein nicht findet oder nicht gehen mag. Und so werdet ihr auch verstehen, dass eine kostbare Gabe von Mir aus nicht zweimal dem Menschen geboten wird, der sie zurückweist und doch die Erkenntnis hatte, also ihren Wert gar wohl zu schätzen weiß. Er wird sich verantworten müssen entsprechend der Gnadengabe, die er zurückgewiesen hat. Er wird aber auch in Finsternis wandeln, weil das Licht, das Ich ihm darbot, verlöscht ist durch eigene Schuld und nun die Finsternis weit tiefer ist als zuvor.

Ich leite das Licht vom Himmel zur Erde nieder, und wer von seinem Strahl berührt wird, der kann sein Inneres erleuchten und die geistige Finsternis verjagen. Es ist ein unermessliches Gnadengeschenk, das Ich austeile auf Erden, und Meine Weisheit kann es wahrlich erkennen, wer dieses Lichtes Hüter sein kann. Doch niemals ist Mein Wille bestimmend, dass der Mensch dieses göttliche Licht in sich aufnimmt und sich selbst dadurch Helligkeit schafft. Doch dass er es als Licht aus den Himmeln erkennen kann, wenn er es erkennen will, das ist die Wirkung dieser Gnadengabe, die an jedem Menschen in Erscheinung tritt, der Mir ernsthaft zustrebt und also alle Mittel nutzt, die ihm Meine Liebe darbietet.

So kann also die Unkenntnis nicht als Entschuldigung vorgeschoben werden, wenn der Mensch sich verantworten muss für seinen recht oder falsch genutzten Willen. Sondern der Widerstand der Seele gegen Meine Liebe und Erbarmung wird offensichtlich werden und also auch seine Zugehörigkeit zu Meinem Gegner, der von unten ebenso auf den Menschen einwirkt und ihn zum Ablehnen Meiner Gnadengabe antreibt.

Der Mensch ist frei, er wird weder von oben noch von unten gezwungen, wo es um die geistige Entwicklung der Seele geht. Und so wird ihm auch eine Gnadengabe nimmermehr aufgedrängt, nach der er nicht die Hände verlangend ausstreckt, doch ob sie ihm jemals auf Erden wieder dargeboten wird, ist zweifelhaft, denn nur eine reuevolle Seele, die

Mich innig darum bittet, kann wieder von der Lichtstrahlung berührt werden. Doch wer einmal Meine Gnade zurückweist, der gerät in tiefste Finsternis und wird jegliches Licht scheuen, weil ihn der Fürst der Finsternis nach unten zieht und er dessen Macht und Kraft sich widerstandslos ergibt.“

B.D., Nr. 4956 vom 25.08.1950, enthalten in Buch 56

Liebe und Barmherzigkeit Gottes an den Seelen der Finsternis

Der Herr:

"...'Ach, dass ich tausend Zeugen hätte, zu loben und preisen die Güte des Herrn'.... So ertönt es in den Reihen der himmlischen Heerscharen, denn es ist die Liebe und Güte Gottes unendlich. So neigt Er Sich voller Barmherzigkeit allen Wesen zu, und Er steigt herab in das Reich der Finsternis und sucht

Erlösung zu bringen den dort schmachtenden Seelen. Und Seine Liebe weist ihnen den Weg nach oben, Er bedenkt sie unaufhörlich mit Seiner Gnade und sendet ihnen Seine Boten, die Träger des Lichtes, auf dass auch in ihnen rege werde das Verlangen nach Licht.

Er kommt ihnen mit aller Liebe und Gnade entgegen und predigt ihnen das Evangelium. Er fordert von ihnen nichts weiter als Liebe. Sie sollen nur in der Ewigkeit nachholen, was sie bisher versäumt haben: Liebe zu geben.... und sie werden erlöst sein von aller Qual. Und in den tiefsten Tiefen sind Seelen, die noch Liebe in sich tragen, die nur bisher dem Gegenpol Gottes galt. Diese Liebe umzukehren, die Wesen zur tätigen Hilfe zu bewegen ist fortgesetztes Bemühen aller Lichtwesen, die im Willen Gottes stehen.

Gottes Wille ist Erlösung, nicht Verdammnis!

Und so leuchtet Sein Gnadenstrahl auch in die äußerste Finsternis, und Seiner Liebe Kraft sucht empfangswillige Seelen zu beleben, und so diese Seelen keinen Widerstand leisten, spüren sie die

Wohltat der Liebe und werden weich und nachgebend, und sie begehren das Licht, ihr Wille wird rege, und so lösen sie sich nach langem Kampf von der Finsternis und streben dem Licht entgegen.

Jede Regung einer solchen Seele kennen die Lichtträger und suchen ihr Rechnung zu tragen, teils fördernd, teils hemmend. Denn es kann eine solche Seele nicht sich selbst überlassen bleiben. Sie ist noch kraftlos und oft schwankend, sie muss leise und behutsam dorthin geleitet werden, wo sie selbst in sich stark und willig wird. Und Gottes übergroße Liebe bedenkt eine jede Seele ihrem Empfinden gemäß, denn Er sucht jeglichen Rückfall zu verhindern. Er will, dass auch diese Seele Seine große Liebe und Barmherzigkeit an sich selbst erfahre und sich gleichfalls einreihe in die Zahl derer, die Ihn loben und preisen.

Er ist in immerwährender Fürsorge bedacht um jede einzelne Seele, dass sie zur Höhe gelange, dass sie Licht empfange und in immer hellerer Umgebung ihren Schöpfer erkenne. Sie sollen Ihn lieben, nicht fürchten. Sie sollen Seine Gnade begehren und Ihm willig dienen. Sie sollen gleichfalls Liebe-empfangende und Liebe-gebende Wesen werden, die sich am großen Erlösungswerk im Jenseits beteiligen und wieder Seelen aus der Finsternis empor holen zum Licht.

Es ist dies ein Werk der Liebe und kann nie in anderer Weise vollbracht werden als durch tiefste, uneigennützigste Liebe, denn nur die Liebe erlöst, und Gott in Seiner unendlichen Liebe lässt kein Wesen der ewigen Finsternis verfallen! Und daher soll alles, was Ihm dient, erlösend tätig sein, d.h. Liebe geben allen denen, die finsteren Geistes sind, denn jeder Funken Liebe erhellt den Geist derer, und nur die Liebe vermag die Finsternis bannen, nur die Liebe ist das Licht, das nach oben weist, und nur die Liebe vermittelt die Kraft, den Weg nach oben zu betreten.

Darum steigt ihr, die ihr liebe-willig seid, herab in die Finsternis und sucht dort Seelen zu erlösen. Bringt das Licht denen, die in der Dunkelheit wandeln, und bleibt stets in der Liebe, denn die Liebe ist Kraft, und solche mangelt den Wesen, und darum sollt ihr diese den Wesen zuführen, auf dass auch sie zur Höhe gelangen."

B.D., Nr. 1399 vom 29.04.1940, enthalten in Buch 23

Gott ist ein "Gott der Liebe", nicht ein Gott des Zornes

Der Herr:

„Meine Liebe und Erbarmung lässt es nicht zu, dass sich ein Wesen ewig im Tode befindet, dass es ewig den Qualen der Hölle ausgesetzt ist, dass es ewig nicht erlöst wird. Es gibt keine ewige Verdammnis, und auch Mein erst-geschaffenes Wesen - nun Mein Gegner - wird einst wieder von Mir angenommen werden und in höchste Seligkeit eingehen können, wenn es an der Zeit ist. Denn Ich bin ein Gott der Liebe, nicht aber ein Gott des Zornes, Der alles erbarmungslos verdammt, was sich einmal Ihm widersetzt hat.

Ein Gott der Liebe aber straft nicht, sondern Er sucht das Gefallene aufzurichten, Er sucht es emporzuheben aus der Tiefe zur Höhe, Er will, dass das Verlorene wieder den Weg zurückfindet zu Ihm, bei Dem es jederzeit liebevolle Aufnahme findet, weil Ich ein Gott der Liebe bin. Und so wird niemals der Zustand der Trennung von Meinen einst-gefallenen Geschöpfen ewig währen, er wird einmal beendet sein, und die innigste Gemeinschaft wird jedes Wesen wieder mit Mir verbinden, wie es war im Anbeginn.

Doch es können die Zeiträume einer Trennung unermesslich groß sein. Es kann sich das Wesen wohl Ewigkeiten in der Entfernung von Mir und also in einem unglückseligen Zustand befinden, und es bestimmt selbst die Zeitdauer seiner Abkehr von Mir. Also schafft es sich auch selbst den Zustand der Hölle, denn nicht Ich verdamme das Wesen ob seiner einstigen Sündenschuld, sondern das Wesen selbst schafft sich den Abstand von Mir, das Wesen selbst strebte die Entfernung an und muss daher auch selbst die Annäherung anstreben, weil es von Mir ur-anfänglich frei geschaffen wurde und diese seine Freiheit missbraucht hat. Darum kommt es einmal wieder in den Zustand der Freiheit und muss dann also auch die Rückkehr zu Mir bewerkstelligen.

Einen Zustand, den sich das Wesen selbst geschaffen hat, muss es auch selbst beenden, will es wieder ein wahrhaft glückseliges Wesen werden und nicht nur eine Marionette sein, die Mein Willen an einen Platz stellt, den es selbst nicht begehrt hat. Es ist das Wesen so lange im Zustand des Todes, wenn es in der Entfernung von Mir sich befindet, und Mein Wille ist und bleibt, dem Wesen das Leben wiederzugeben, das es verlor durch eigene Schuld. Also kann nicht von einer Verdammung Meinerseits die Rede sein, die Mich als einen unbarmherzigen Richter hinstellt, der eine Schuld mit der entsetzlichsten Strafe belegt, ewig von Mir getrennt zu sein.

Mein Wesen ist Liebe, und selbst das sündig-gewordene Geschöpf besitzt noch Meine Liebe, weil

Meine Ur-natur nichts anderes als Liebe kennt, - und Liebe sucht stets zu beglücken, niemals aber zu strafen oder zu verbannen, denn ihr seid Meine Kinder, die Ich aus Meiner Liebe heraus schuf und die auch Meine Liebe immer und ewig besitzen werden, auch wenn sie sich in weitester Entfernung von Mir befinden. Und wenn sie sich in der Hölle aufhalten, wenn sie sich scharenweise zusammenfinden in wahrhaft satanischer Gesinnung, so sucht Meine Liebe, sie auch dann noch zu retten und sie zu lösen von Meinem Gegner, dem sie noch anhängen. Alles versuche Ich, um sie wieder zurückzugewinnen und ihrem Herrn zu entreißen, aber es geht das nicht zwangsweise, sondern erfordert auch ihren eigenen Willen, und dieser ist es, der die Zeitdauer ihrer Trennung von Mir oft Ewigkeiten ausdehnt und ihr Menschen dann eine "ewige Verdammung" für glaubhaft haltet, wenn ihr so belehrt werdet.

Ihr sollt immer an Meine Liebe denken, die nicht aufhört, und ein liebender Vater überlässt Sein Kind nicht ewig Seinem Feind und Gegner. Ein liebender Vater wird Sein Kind verfolgen, wo es auch sei, und ihm immer einen Weg zeigen, der wieder zurückführt zu Sich, ins Vaterhaus.

Aber die Gerechtigkeit gebietet auch, dass das Kind diesen Weg selbst gehen muss, weil es sich auf ebendiesem Wege einst entfernte vom Vater; die Gerechtigkeit gebietet, dass das Kind sein Unrecht erkennt und reuig zum Vater fleht, dass Er ihm helfen möge, den weiten und schweren Weg zurücklegen zu können. - Und Ich werde wahrlich nicht zögern, diesem Kind zu Hilfe zu kommen, Ich werde ihm entgegengehen und alles tun, um seinen Rückweg abzukürzen, aber Ich werde ihm auch immer den freien Willen belassen, gleichfalls die Nähe des Vaters zu suchen, wie Ich die Nähe Meines Kindes suche und Mich ihm nicht versage. Denn Meine Liebe währt ewig, darum will Ich nicht ewig von Meinem Kind getrennt sein. Doch es muss auch seine Liebe Mir schenken, und es wird dann wahrlich vom Tode zum Leben erweckt, es wird leben ewiglich in Meinem Reich und selig sein.“

B.D., Nr. 7279 vom 10.02.1959, enthalten in Buch 77

Ein Wort zu dem Begriff „Hölle“ und wie sich Verdammnis anfühlt

Der Herr:

„Wer sich Mir zu eigen gibt, den lasse Ich ewig nicht mehr fallen. Doch wer im Widerstand gegen Mich verharrt, der steht in großer Gefahr, Meine Liebe-kraft ganz entbehren zu müssen und in seiner Ur-substanz zu verhärten, ein überaus qualvoller Zustand, den Ich verhüten möchte. Diese Wahrheit nun, die seit Beginn den Menschen nicht verheimlicht wurde, hat den Begriff "Himmel und Hölle" geschaffen, eines seligen und eines unseligen Zustandes, der in der Vorstellung des Menschen räumlich begrenzt ist, bis zuletzt die eigentliche Wahrheit - der Zustand - in der Vorstellung der Menschen zurücktrat und nur noch der Ort bestehen blieb, den sich die Phantasie in allen Farben ausmalte, und dadurch vielen irrigen Gedanken Raum gegeben wurde, so dass die Wahrheit gänzlich entstellt ist und der Mensch keine Kenntnis mehr davon hat, was eigentlich Himmel und Hölle bedeutet.

Leben und Tod sind Himmel und Hölle. Emsige, beglückende Tätigkeit in strahlendstem Licht ist Leben. Kraftlosigkeit, Ohnmacht und tiefste Dunkelheit ist Tod.

Jeder Zustand kann nach oben und nach unten ständig zunehmen, bis das höchste Ziel, selige Verschmelzung mit Mir, oder der tiefste Absturz, endlos weite Entfernung von Mir, erreicht ist.

Unvorstellbar ist die Seligkeit in den Himmeln, unvorstellbar aber auch die Qual und das Leid der in der Verdammnis sich befindenden Seelen, die Ewigkeiten schmachten und keine Kraft zur Erlösung mehr haben. Dieser Seelen sollt ihr gedenken! Irrig ist die Lehre, dass es keine Erlösung mehr aus der Hölle gibt, dass diese Seelen auf ewig von Mir verdammt sind. Nicht Ich verdamme sie, sondern sie selbst haben die Verdammnis gewählt, nicht Ich stürze sie in die Tiefe, sondern sie selbst sind dem tiefsten Abgrund zugestrebt; doch Meine Liebe lässt nichts auf ewig in dieser weiten Entfernung, und darum gibt es auch aus der Hölle eine Erlösung, weil Ich auch für diese Wesen gestorben bin am Kreuz und ihre Schuld auf Mich nahm, weil Meine Liebe größer ist als Mein Zorn, als Meine Gerechtigkeit!

Auch die Hölle wird ihre letzten Opfer herausgeben müssen, d.h., auch die festeste Materie wird einmal aufgelöst werden und das Geistige darin frei werden zum Zwecke des Aufstieges zum Leben.

Denn die Hölle, wie ihr Menschen sie euch vorstellt, besteht nicht als ein ewig brennender Feuerherd, sie ist kein Ort, der die „Verdammten" birgt; die Hölle ist ein Zustand, dessen Qualen nicht zu beschreiben sind, ein Zustand, der auf Erden damit beginnt, dass die Menschen Mich nicht anerkennen, also sich lossagen von Mir und ohne Meine Liebe-kraft bleiben. Sie leben dann wohl noch das körperliche Leben ohne Mich und empfinden den kraftlosen Zustand, den die Entfernung von Mir mit sich bringt, noch nicht als Qual, doch sowie das Leibesleben zu Ende ist, setzen die Qualen ein: das Bewusstsein, völlig ohne Kraft und doch zu sein. -

Es ist anfangs noch die Möglichkeit, im Jenseits den Widerstand aufzugeben, so die Seele den Vorstellungen wissender Wesen Gehör schenkt, doch selten nur werden diese Möglichkeiten ausgewertet, und die Seele sinkt immer tiefer, und die Entfernung von Mir wird immer größer, die Kraftlosigkeit nimmt zu bis zur endlichen Verhärtung, welche zur Neubannung in festester Materie führt.

Dann ist eine endlos lange Entwicklungsperiode vorübergegangen ohne Erfolg für das einstmals in der Materie gebundene und nun freie Geistige, das als Mensch aus eigenem Antrieb streben sollte danach, jeder materiellen Fessel ledig zu werden. Dass es nun versagt hat, ist sein freier Wille, denn Ich lasse es wahrlich nicht fehlen an direkten Mahnungen und Warnungen. Die Hölle hat aber weit größere Anziehungskraft als der Himmel, und es strebt der Mensch mit größtem Eifer doch wieder die Materie an, die die Seele längst überwunden hatte. Und sie ist nun auch sein Los, sie wird wieder die Hülle des Geistigen, das bei seiner letzten Willensprobe versagte.

Die Hölle hat ihre Pforten weit geöffnet, und freiwillig gehen durch diese Pforte zahllose Seelen ein in die Finsternis. Die Hölle wird triumphieren, d.h., ihr Fürst hat zahlenmäßig großen Erfolg, jedoch Ich entwinde ihm alle diese Seelen, die Ich in der neuen Schöpfung wieder ein-zeuge und Meinem Gegner jegliche Macht über diese Wesenheiten nehme, indem Ich ihn gleichfalls binde mitten in die Erde, d.h. die festeste Hülle wird ihm als Fessel gegeben, die er nicht eher verlassen kann, bis durch Menschenwillen er wieder an die Macht kommt, indem die Menschen wieder materielle Güter begehren und sich von Mir stets mehr und mehr entfernen. Dann kämpft er wieder um die Seelen, und dieser Kampf ist zugelassen, auf dass sich die Seelen bewähren und sich entscheiden für Mich oder für ihn, weil ohne rechten Entscheid kein Mensch selig werden kann.“

B.D., Nr. 4488 vom 17.11.1948, enthalten in Buch 52

Gott ist die reinste Liebe und die höchste Erbarmung auch im Jenseits. Von der Irrlehre des Strafgottes

Eine Jenseits-Szene

Der Herr berichtet: »In diesem Augenblick trete Ich (Jesus) zum Mesner hin, der Mich sogleich erkennt, und sage: „Mein lieber Bruder Johann! Es ist genug! Diesen ist nun alles gesagt worden durch deinen Mund, aber sie blieben wie sie allezeit waren. (gemeint sind hier einige Hochgeistliche des Kirchenklerus, die den Strafgott predigen, d. Hg.) – Daher komme du zu Mir in Mein Reich! Diese aber sollen sich ihren Himmel und ihren Gott suchen, wie es ihnen beliebt. Zu Mir werden sie schwerlich je kommen! Was sie aber dir vermeinten, sollen sie eine Weile selbst genießen, auf dass sie an sich erfahren, wie gut sie es mit ihren Brüdern meinen.“

Hier zeige Ich Mich diesen harten Pfaffen nach

ihrer Vorstellung als der Herr Himmels und der Erde und sage in einem geflissentlich ernsten Ton: „Kennt ihr Mich nun?!!“

Sie sagen alle bebend: „Ja, nun erkennen wir Dich erst, Du schrecklicher Richter! Sei uns, Deinen Dienern, gnädig und barmherzig!!“

Ich aber sage sehr ernst zu ihnen: „Habt ihr nie gelesen: Seid barmherzig, so werdet auch ihr Barmherzigkeit erlangen! – Wie sah es mit eurer Barmherzigkeit aus? Habt ihr die Hungrigen gespeist, die Durstigen getränkt, die Nackten bekleidet, die Gefangenen erlöst und die Kleinmütigen getröstet? Nein, das habt ihr nie getan! Ihr wart allzeit weidlichst wider Mich und tratet Meine Lehre mit Füßen! Weil ihr so hart und unverbesserlich seid, so geschehe euch, was ihr aus eurer unbegrenzten Herzenshärte diesem Meinem wirklichen Bruder gegeben habt!“

Hier öffnet sich plötzlich der Boden der Kirche, Flammen schlagen empor aus der weiten Kluft, mehrere dienstbare Geister erscheinen, die sogleich die harten Pfaffen gegen die flammende Kluft hindrängen. Diese fangen dabei ein jämmerlichstes Geheul an und bitten den Mesner Johann flehentlich um Erbarmen und Fürbitte.

Der Mesner aber sagt: „Ihr habt doch immer von allen Menschen verlangt, dass sie bei Strafe der ewigen Verdammnis glauben sollen, dass ihr allein die Schlüssel zum Himmelreich und auch zur Hölle habt! Sperrt euch nun die Himmel auf und verschließt die offene Pforte der Hölle, die Christus, der Herr von Ewigkeit, vor euch aufgetan hat, damit sie euch aufnehme in ihren sanften, echt römisch-katholischen Schoß! Habt ihr mich doch erst vor wenigen Minuten für ewig in die Hölle verdammt, wie soll denn nun ich für euch einen Fürbitter bei Gott machen? Der Herr tue mit euch nach Seinem heiligsten Willen und nach Seiner Liebe und Gerechtigkeit! – Ich bin euch um ein besseres Los sicher nicht neidig, aber Besseres als vom Herrn sollt ihr von mir nimmer erwarten. Gott allein ist gut. Daher wendet euch an ihn, denn Er allein kann euch helfen!“

Nun heulen die schon stark zur flammenden Kluft

hingedrängten Pfaffen: „Lieber Johann! Bei Gott gibt es ja für die, so von Ihm verdammt wurden, keine Erbarmung mehr! Wie könnten wir uns da an Ihn wenden?“ – Sagt Johann: „Ihr Narren! So ihr von Gott dem Herrn keine Erbarmung erwartet, wo soll ich sie dann hernehmen, da ja doch das höchst Wenige in mir nur aus Gott ist?“ – Heulen die Pfaffen: „Nein, bei Gott kann keine Erbarmung jenseits des Grabes über eine Seele ausgegossen werden! Die Liebe Gottes dauert nur bis zum Grabe, nachher nimmt Seine strengste Gerechtigkeit den Platz der Liebe ein!“

Sagt Johann: „Ihr dummen Narren! Hat denn Gott der Herr zwei Herzen – ein kleines voll der höchsten Liebe und Erbarmung und dann ein großes voll Zorn und gerechter, unerbittlichster Strafgier? Wie kann Gott, das ur-vollkommenste Wesen der Wesen, aus ein und demselben Herzen nie versöhnbaren Zorn und zugleich höchste Sanftmut und Liebe ausfließen lassen! Wie kann Gott einen Geist nur so lange lieben, als er im sündigen Fleisch gefangen lebt; nachher aber ihn ewig hassen wegen einiger Fehler, zu denen ihn sein Fleisch als die Freiheitsprobenatur verleitet hat!

Ich aber sage euch: Der Herr und Gott Jesus Christus von Ewigkeit, den wir hier leibhaftig gegenwärtig erschauen, ist – zeitlich und noch mehr ewig – die reinste Liebe und die höchste Erbarmung! Nur euer römisch-katholischer Dreipersonen-Gott ist so gesinnt, wie ihr es seid: bei dem gibt es wie bei euch keine Gnade und Erbarmung. – Wohl mir und allen, dass solch ein Gott nirgends als allein in euren bösen und überharten Herzen zu Hause ist!"

Hierauf drängen die dienstbaren Geister die Pfaffen wieder etwas näher zu der stets stärker flammenden Kluft. Und Ich lasse es zu, dass die sich sträubenden und heulenden Pfaffen der Flammen mächtige Hitze zu verspüren anfangen. – Da schreien sie: „Jesus, Maria und Joseph! Ihr lieben Heiligen und Märtyrer Gottes, kommt uns zu Hilfe! Helft uns armen Teufeln! Wie schrecklich heiß ist doch das Feuer der Hölle (für sie in der Erscheinlichkeit aber nur, d. Hg.), und wir sollen nun ewig darinnen brennen? O Jesus, Maria und Joseph! O Christe Jesu!

Erbarme Dich unser! O Mutter Gottes, bitte für uns!“

Hier gebe Ich den Geistern einen Wink, die Pfaffen nicht mehr zu drängen. Und es tritt Petrus vor und sagt zu den Pfaffen: „Seht mich an! Ich bin der leibhaftige, wirkliche Petrus, der Fels des Glaubens, den der Herr Himmels und aller Welten dazu erwählt hat. Ihr und euer Papst nennt euch meine Nachfolger. Wie hätte ich euch je ein Richteramt übertragen können, da ich doch selbst nie eines vom Herrn überkommen habe! Hat doch uns allen der Herr das Richten – bei Strafe des Gerichts über uns selbst – verboten, indem Er ausdrücklich sagte: ‚Richtet nicht, auf dass ihr dereinst nicht gerichtet wendet!‘ – So der Herr aber Selbst also lehrte, wie soll Er uns dann zu Richtern über unsere Brüder gemacht haben? Wenn aber wir nie auch nur im Traum ein Richteramt ausgeübt haben, wie hätten wir es dann auf euch übertragen können! So ihr meine Nachfolger sein wollt, wie möchtet ihr denn von mir mehr geerbt haben, als ich euch hinterlassen konnte?

So aber der Herr Selbst sagte, Er sei nicht gekommen, die Welt zu richten, sondern selig zu machen alle, die durch den Glauben an Ihn selig werden wollen – woher habt denn ihr euch das Recht genommen, eure schwachen Brüder zu richten und für ewig in die Hölle zu verdammen? Seht, das habt ihr euch selbst angemaßt aus Herrschsucht und unbegrenzter Geldgier! Es tut nun auch der Herr an euch, was ihr widerrechtlichst an euren armen Brüdern getan habt. Denn mit welchem Maß ihr ausgemessen habt, mit demselben Maß wird euch wieder eingemessen.“

Sagt der ehemalige Großdienstbare unter furchtbarem Beben: „O heiligster Apostel Petrus, du Fels Gottes! Bitte doch du den Herrn für uns arme Sünder, dass wir nicht in die Hölle, sondern lieber auf eine Million Jahre möchten ins Fegefeuer geworfen werden. Wir sehen es jetzt alle ein, dass wir greuelhaft gesündigt haben und empfinden die tiefste Reue über unsere irdische Verblendung! Wir wissen aber auch erst jetzt, dass wir dem Leib nach wirklich gestorben sind. Hätten wir das eher eingesehen, so hätten wir uns gewiss die ganze Weile in dieser Welt der mächtigsten Reue und strengsten Buße unterzogen. Aber wir wussten ja nichts und blieben daher auch bisher die alten, verstockten Sünder. Nun siehst du ja, dass wir alle hier voll tiefster Reue sind. Sei uns daher doch ein wenig gnädiger und barmherziger! Wir wollen alles tun, was immer der Herr von uns verlangt, nur mit der Hölle möchte Er uns verschonen."

Sagt darauf Petrus: „Dass ihr brennende Reue empfindet, musste ja so kommen. Denn eben die in Ewigkeit stets brennender werdende Reue gehört ja nach euren Dogmen mit zur Höllenqual. Sie meldet sich nun vor der Pforte der Hölle schon an und wird euch ewig nicht mehr verlassen. Solch eine Reue aus Furcht vor der Strafe hat jedoch keinen Wert vor uns. Die allein gültige Reue muss der Liebe zu Gott, nicht aber der Furcht vor der Hölle entstammen.

Ebenso steht es auch mit der Buße. Vor uns hat nur die freie Buße, entsprungen aus dem lebendigen Glauben und der wahren Liebe zu Gott und zu allen Menschen, einen Wert. Die von der Furcht vor der Hölle erzwungene ist völlig ohne Nutzen – und wäre sie ärger als alle Qualen der Hölle, die ihr, so Gott der Herr es will, bald werdet zu verkosten bekommen.“

Durch diese wenig Trost einflößenden Worte Petri werden die Quasi-Anwärter der Hölle in solche Angst versetzt, dass sie alle zu Boden sinken und da nur stöhnend die Worte: ‚O Je-sus, Ma-ri-a und Joseph! Gna-de! Gna-de!‘ herausbringen.

Während sie so wie betäubt am Boden liegen, lasse Ich die Erscheinlichkeit der flammenden Kluft verschwinden und an ihre Stelle einen großen Becher Wein hinstellen sowie sieben große Laibe des besten Brotes. Dazu eine schriftliche Anweisung, dass sie sich daran ohne Unterschied erlaben und sodann auf alle Zeiten diese Kirche verlassen sollen, deren irdische Großartigkeit bloß dazu diene, den Hochmut der in ihr fungierenden Pfaffen ins Unermessliche zu erhöhen. So sie aber im Freien sein werden, da werde schon jemand zu ihnen kommen, der ihnen angebe, was sie zu tun haben, um den „Strafen der Hölle“ zu entrinnen.

Nachdem dies alles bestellt ist, entfernen wir uns

von dieser vor Angst halbtot darnieder-kauernden Pfaffenrotte und gehen ins Freie. Auch der Mesner Johann – als ein von Meiner Liebe und Weisheit durchglühter Bruder.«

J.L., Von der Hölle bis zum Himmel - Band 2 / 232. Kapitel

Was geschieht mit so genannten „Todsündern"?

Eine Jenseits-Szene.
Der Herr berichtet:

»Spricht der Franziskaner: „Ich danke dir, lieber Freund, für diese herrliche Auskunft! Sie ist wahr und eines großen Gottes würdig, und jedes Gemüt muss in ihr Beruhigung finden. Aber es gibt dennoch Dinge, die als Hauptfehler der menschlichen Natur anzusehen sind. Man kann es mit ihnen nicht so machen wie mit den Feinden, die uns Übles taten. Dazu gehören z.B. gewisse Betrügereien, die man an anderen ausgeübt hat und mit dem besten Willen nicht wiedergutmachen kann. Ebenso ist auch die Unzucht, Notzucht, Selbstbefleckung, Knabenschändung (oft sogar an geweihten Orten) usw. eine von Gott strengstens verbotene und mit ewiger Verdammnis belegte Sünde, die sich nimmer ungeschehen machen lässt und trotz der Beichte auf der Seele unvertilgbare Makel zurücklassen muss. Es fragt sich daher sehr: Was wird die heiligste Gottheit da tun? Gehen diese Makel auch mit dem lebendigen ‚Herr, vergib uns, wie wir vergeben!‘ von der Schuldentafel?“

Spricht der Fremde (der unerkannte Herr Jesus, d. Hg.): „Freund, hältst du die Gottheit für weiser als die weisesten Menschen, so wirst du auch das von ihr halten müssen, dass sie die natürlichen Schwächen der Menschen mit noch viel besseren Augen betrachtet, als wie sie von den besten Menschen betrachtet werden. Du hast freilich viel gesündigt in deinem Fleisch, weil du von diesem viel versucht wurdest. Du hättest zwar diese Versuchungen wohl bekämpfen können, so du je einen wahren Ernst dazu verwendet hättest. Aber das kam dir zu ernst vor und des Naturlebens Tändeleien zu süß, und so bliebst du deinem Fleisch nach unverändert gleich. Aber siehe, da legte sich dann, dir unbewusst, die Gottheit ins Mittel, führte dich aus deiner sinnlichen Friedenszelle und stellte dich auf das Schlachtfeld. Da hattest du dann mächtige Gelegenheit, das Ende alles Fleisches und seiner Gelüste in den grauenerregendsten Zeichen zu erblicken und wurdest dabei nüchterner. Und am Ende musste dein Fleisch an sich selbst erfahren, welch ein Wert in all seinen Gelüsten und deren Befriedigung gelegen war. Und siehe, so hat die Gottheit dein Fleisch gestraft und deine Seele von diesem gereinigt. Du brauchst daher nicht mehr zu fragen, was aus deinen Sünden wird. Denn Ich sage dir, sie haben mit dem Fleisch ihr Urteil und ihr Ende erreicht! Denn was des Fleisches ist, das wird auch mit dem Fleisch gerichtet und begraben.

Anders ist es, wo die Seele selbst ganz ins Fleisch übergegangen ist. Da freilich kann ihr kein anderes

Los als das des Fleisches zuteil werden. Aber bei dir ist das nicht der Fall, was du daraus erkennen magst, dass du hier – ohne Fleisch, aber dennoch in dir das Los des Fleisches fühlend – vollkommen lebst und nicht wie tot im Grabe liegst."

Spricht der Franziskaner: „Aber Freund, was geschieht denn dann mit solchen, das schaurige Los ihres Fleisches teilenden Seelen? Die werden nach völliger Verwesung ihres Abgottes doch sicher zur Hölle fahren?"

Spricht der Fremde (Jesus): „Keine Seele wird je ihrer Freiheit wie auch ihres Bewusstseins und ihrer Erinnerung beraubt! Was sie will, das wird ihr. Will sie erstehen, so wird sie erstehen. Will sie aber noch tiefer unter ihr Grab zur Hölle hinab, so wird ihr der Weg nicht verrammt. Wohl ist die Hölle von Gott zugelassen und als für ewig in sich selbst von allen Himmeln abgeschieden; nicht aber so eine Seele! Denn diese wird nicht gerichtet, außer von ihrer eigenen Liebe und vollsten Freiheit des Willens. Will sie zur Hölle, weil diese ihre eigentliche Liebe ausmacht, so wird sie zur Hölle gehen, und wir alle werden sie nicht abzuhalten vermögen. Will sie aber zum Himmel, so werden wir sie auch liebreichst aufnehmen und auf den besten Wegen dahin geleiten. So will es die beste Ordnung Gottes!“

Spricht der Franziskaner: „Aber Freund, könntest du uns denn nicht auch sagen, wie es denn eigentlich in der Hölle aussieht?“

Spricht der Fremde: „Freund, in der Schrift heißt es: ‚Vor allem sucht das Gottesreich, alles andere wird euch dann von selbst werden.‘ – Und so wollen wir uns denn auch ums Göttliche lebendig kümmern. Das leidige Kontra wird dann jedem früh genug ersichtlich werden. – Und so geht nun alle mit Mir in jenes nun schon von allen Nebeln befreite Haus! Dort werdet ihr ein größeres Licht erhalten! Es sei!“«

J.L., Von der Hölle bis zum Himmel - Band 1 / 143. Kapitel

Gott kann niemals die Seele eines Menschen zur Verdammnis bestimmt haben

Der Herr:

„Zur Seligkeit auserkoren seid ihr alle, nur bestimmt ihr selbst den Zeitpunkt, da euch das Lichtreich aufnehmen kann. Und so kann wohl das Wesen immer wieder zurück streben zur Tiefe, und es kann seinen Weg zurück zu Mir endlos verlängern, es kann wohl Ewigkeiten in einem erbarmungswürdigen Zustand sich befinden, in einer Entfernung von Mir, die es nicht aus eigener Kraft überbrücken kann und daher von einer Art Verdammnis gesprochen werden könnte, die aber nicht Mein Wille über das Wesen verhängt hat, sondern in die es sich selbst stürzte aus eigenem Willen!

Dennoch kommt auch das finsterste Wesen einmal zum Licht, und selbst Mein Gegner wird sich einmal wieder im Licht Meiner Liebesonne befinden, und Mein Liebestrahl wird ihn unermesslich beseligen. Aber es wird noch Ewigkeiten dauern, bis er seinen Widerstand gegen Mich aufgibt. Und so auch wird es Wesen geben, die immer und immer wieder sich in seine Gewalt begeben, deren Widerstand gegen Mich nicht nachlässt und die darum auch Ewigkeiten unglückselig sind, wenngleich sie immer wieder die Möglichkeit haben, Meine Hand zu ergreifen, die sie zieht heim in das Vaterhaus.

Ich weiß um das Schicksal einer jeden Seele, aber dennoch erfährt sie unausgesetzt Meine Gnade, und Ich ziehe im Stadium als Mensch stets Meinen Willen zurück, damit ihr Wille sich ganz frei entscheide. Darum ist es falsch, zu sagen, das Los einer Seele sei von Mir aus bestimmt zur Seligkeit oder zur Verdammnis. Es ist deshalb falsch, weil Ich Selbst alle Menschen zu Mir ziehen will und darum auch für alle Menschen gestorben bin am Kreuz. Dass Ich um den Willen einer jeden einzelnen Seele weiß, bedeutet nicht, dass Ich den Willen richte. Denn wäre allein Mein Wille bestimmend, so wären wahrlich alle Seelen schon ins Vaterhaus zurückgekehrt, da Mir dazu auch die Macht und Kraft zu Gebote steht.

Also kann Ich niemals die Seele eines Menschen zur "Verdammnis" bestimmt haben! Es könnte Mir niemals "wohlgefallen", eine Seele wieder in das Verderben zu stürzen, denn Ich bin die Liebe Selbst. *Nur ein unerweckter Geist kann die Worte der Schrift so falsch verstehen, und nur ein unerweckter Geist kann sie so auslegen*, dass Ich Selbst Mir Seelen erwähle oder verstoße zur Seligwerdung oder Verdammung.

Es steht euch Menschen wahrlich frei, wie ihr euch entscheidet, und so schafft ihr euch auch selbst das Los nach eurem Leibestode. Ihr könnt unbegrenzt selig sein, aber auch euch selbst das Los der Verdammung schaffen, weil Ich in keiner Weise einen Zwang auf euch ausübe, wie ihr aber auch von Meinem Gegner nicht gezwungen werden könnt, und ob dessen Macht noch so groß ist.

Während eurer Erdenlebenszeit stehen euch aber auch unbegrenzt Gnaden zur Verfügung, die Ich euch erworben habe durch Meinen Tod am Kreuz. Ihr braucht also nicht schwach zu sein. Doch nur eure Willensfreiheit bestimmt euer Denken, Wollen und Handeln, und ihr hättet gewisslich keinen freien Willen, wenn euer Los nach dem Tode schon von Mir aus vorbestimmt wäre.

Alle seid ihr berufen, - dass aber nur wenige auserwählt sind, gründet sich nur auf den freien Willen des Menschen, nicht auf willkürlich verliehene Gnaden! Diese irrige Ansicht muss immer wieder widerlegt werden, denn sie wirkt sich lähmend aus auf viele Menschen, denen dadurch die selige Gewissheit fehlt, ihr Ziel auf Erden erreichen zu können, und die darum auch lau sind in ihrem Streben.

Immer müsst ihr daran denken, dass Ich ein Gott der Liebe, Weisheit und Macht bin, und eine Lehre, die eines davon in Zweifel stellt, ist eine Irrlehre. Wie aber könntet ihr Meine Liebe je damit in Einklang bringen, dass Ich selig mache oder verdamme nach "Meinem Wohlgefallen"? Darum strebt ernstlich danach, die Stunde eurer Erlösung nicht hinauszuschieben, denn ihr selbst bestimmt die Zeit, wo ihr zurückkehrt zu Mir, wo Ich euch wiederaufnehmen kann in euer Vaterhaus.“

B.D., Nr. 7006 vom 30.12.1957, enthalten in Buch 75

Es gibt keinen einzigen Fall, wo ein Geist von Gott aus verdammt worden wäre

Eine Jenseits-Szene.
Trostvolle Antwort auf finstere Zweifel

Der Herr spricht: »Rede Ich (Jesus): „Lieber Freund, diese deine Kritik nach dem Urteil deines kurzsichtigen Verstandes hat dem Außenschein nach viel für sich. Und wenn es sich wirklich so verhielte, wie du es nun vor Mir so scharf beurteilt hast, da sähe es wirklich äußerst schlecht mit der gesamten Menschheit aus. Aber zum größten Glück bist du da mit all deinen Begriffen und somit auch mit all deinen scharfen Urteilen auf dem dürrsten Holzwege!

Denn siehe: Erstens sorgt die Gottheit eben für die Menschen dieser Erde so außerordentlich, als hätte sie in der ganzen Unendlichkeit nahe keine Wesen mehr, die Ihrer Fürsorge bedürften. Und sie führt die Menschen unter allen Verhältnissen ihres Prüfungslebens so, dass fast alle trotz aller Schwierigkeiten jene hohe Bestimmung erreichen müssen, derentwegen sie von der Gottheit einzig und allein ins Dasein gerufen sind!

Freilich gibt es ziemlich viele, die ihren Willen trotz aller angewendeten Mittel dennoch nicht unter den besten Willen der Gottheit beugen wollen! – Dass die Gottheit für solche Geister dann auch ernstere und schärfere Mittel gebrauchen muss, um sie unbeschadet ihres freien Willens am Ende dennoch auf den rechten Weg zu bringen, ist begreiflich. Ich meine, dass man darob die Gottheit von deiner Seite denn doch ein wenig zu seicht beurteilt und ihr Ergebnisse unterschiebt, die ganz allein nur in dem verkehrten und hochmütigen Willen der Menschen zu suchen und leicht zu finden wären!

Du sprachst wohl viel von der gnädigen Zulassung schlechter Regenten. Aber davon sagtest du nichts, dass es auch schlechte Völker gibt, die nicht durch politische Verfügungen schlechter Regenten, sondern lediglich durch sich selbst schlechter als schlecht geworden sind, – was Ich dir durch zahllose Beispiele handgreiflich dartun könnte und später auch dartun werde.

Aber nun siehe zweitens – den Punkt deiner vermeinten ewigen Verdammnis, die nach dem Tod den durch schlechte Regenten verdorbenen, also ohne eigenes Verschulden schlecht gewordenen Menschen zuteil werden solle! Da muss Ich dir, der Ich doch alle Verhältnisse der Geisterwelt genauest kenne, offen gestehen, dass Mir dergleichen Begebnisse noch nie vorgekommen sind. Die ganze Ewigkeit kann dir in Wahrheit auch nicht einen Fall vorweisen, wo nur ein Geist von Gott aus verdammt worden wäre! Aber zahllose Fälle kann Ich dir vorführen, wo Geister nur zufolge ihrer vollsten

Freiheit die Gottheit verabscheuen und verfluchen und um keinen Preis von deren endloser Liebe abhängen wollen, da sie selbst Herren sogar über die Gottheit zu sein sich dünken!

Da aber die Gottheit nur jenen endloseste Liebefülle in vollsten Zügen zu genießen geben kann, die sie haben wollen, so wird es hoffentlich klar sein, dass jene, welche die Gottheit samt ihrer Liebe über alles hassen und verachten und ein Gespött aus ihr machen, dieser Liebe darum nicht teilhaftig werden können; eben weil sie auf das entschiedenste ihrer nicht teilhaftig werden wollen!

Solche Wesen lieben nur sich allein und hassen alles, was sie nicht für ihr selbstsüchtiges Ich vollkommen tauglich und demselben tiefst ergeben finden. Die Gottes- und Nächstenliebe ist ihnen ein Greuel der Verwüstung, ein Fluch in ihrem Herzen! Gott ist ihnen nur pure Faselei eines verbildeten Gemüts, Albernheit eines im höchsten Grade verdummten Verstandes und der Nächste ist eine Canaille, nicht wert, dass man ihn anspuckt.

Wenn aber freieste Geister tatsächlich bei dem

hartnäckig verharren und durch gar kein gegebenes freies Mittel, also nicht durch sich selbst von ihrem verderblichen Wahn zu heilen sind und sich eher aller Bitterkeit, die sie sich selbst bereiten, für ewig unterziehen wollen, als sich auch nur ein sanftestes Gebot der Gottheit gefallen zu lassen – sage, kann da wohl die Gottheit an solch einer Selbstverdammnis die Schuldträgerin sein?

Wenn aber dann die Gottheit aus purster Liebe solche Abtrünnlinge von ihren seligsten Freunden absondert, ihnen aber auf den abgesonderten Zustandsorten dennoch die vollste Freiheit belässt: kann sie dann als unsorgsam, hart und lieblos gescholten werden?

Du sagst: Dafür können Menschen und Völker ja nicht, wenn sie so arg werden – denn daran schulde die schlechte Erziehung und ein schlechter Unterricht; dass aber diese schlecht sind, daran schulden schlechte, selbst- und herrschsüchtige Regenten; und endlich an den schlechten Regenten schulde die Gottheit Selbst! Oh, Ich will es gar nicht in Abrede stellen und sagen: Es gäbe keine schlechten Regenten und noch nie sei ein Volk dadurch verdorben worden!

Ebenso wenig aber wirst du behaupten können, dass die gerechteste Gottheit noch nie irgendeinen schlechten Regenten gezüchtigt habe! Gehe die Weltgeschichte vom Anbeginn des Menschengeschlechts durch, und sie wird dir Tausende von Regenten vorführen, die wegen schlechter Leitung der ihnen anvertrauten Völker auf das empfindlichste gezüchtigt worden sind.

Nichtsdestoweniger hat sich in allen Zeiträumen der Erde die alte Erfahrung stets bewährt, dass gerade unter harten Tyrannen das Volk im allgemeinen stets besser und lenksamer war als unter guten und sanften Regenten. Weshalb denn die Gottheit schlechte Regenten zumeist darum über Völker aufstellen lässt, auf dass die Völker, so sie arg geworden, an ihnen eine Zuchtrute haben. Sie sollen dadurch genötigt werden, ein rechtes Bußkleid anzuziehen und sich zu bessern, wonach ihnen die Gottheit unfehlbar wieder bessere Regenten geben wird und auch allzeit gegeben hat!“«

Wenn die Gottheit jemanden verdammte, wäre keine Liebe in Ihr und keine Weisheit

Jesus:

»Rede Ich: „Höre, du lieber Freund! Mit dir wird es noch einige Anstände haben, bis du zu klareren geistigen Begriffen gelangst. Du hängst noch viel zu sehr an der Materie und den daraus hervorgehenden Erscheinlichkeiten. Deshalb beurteilst du auch alles nach der Materie, die gerichtet und daher vergänglich ist, und magst das rein Göttlich-Geistige nicht erfassen.

Begreifst du als ein Hauptphilosoph denn noch immer nicht: So die Gottheit ein Leben aus sich freigibt, so muss sie dasselbe doch vollkommen freigeben, und nicht gerichtet. Außer was höchst notwendig gerichtet sein muss: das leibliche Leben, damit es Festigkeit habe zur Aufnahme des Lebensgeistes aus Gott. Hat dieser Geist einmal die rechte Festigkeit erreicht, oder will Gott einen noch sehr schwachen Geist auf eine andere Art zum ewigen Leben kräftigen, ohne dass dieser es nötig haben soll, die volle Fleischprobe durchzumachen, – so nimmt Gott Selbst das Gerichtete vom freiesten Geiste. Er ist dann ganz frei und es geschieht ihm dann nichts anderes, als was er absolut frei selbst aus sich heraus will.

Glaubst du denn, Gott wird dir gebieten, etwa entweder in die Hölle zu fahren oder in die Himmel einzugehen? Oh, mit solchen Ideen brauchst du dich nicht abzugeben. Da bist du vollkommen frei; was deine eigene Liebe will, das soll dir auch werden! Gott kann dir auch zum besseren Teil behilflich sein, aber nur, wenn du es willst. Willst du aber solche Hilfe nicht, so wird sie dir Gott auch nicht nachwerfen. Und das darum nicht, weil du ein freies und von Gott ganz unabhängiges Leben hast, das sich frei bestimmen kann wie es will, und daher auch für seine Ernährung und Stärkung zu sorgen hat, ganz unabhängig von Gott, ansonsten es wahrlich kein freies Leben wäre!

So aber Gott den Menschen nackt und in jeder Hinsicht völlig unbehilflich zur Welt geboren werden lässt, so geschieht das darum, um das Menschenleben schon da freizugeben, damit selbes sich an das Sich-selbst-überlassen-sein schon von Geburt an gewöhnen soll. – Dieser Lebens-Trennungs-Prozeß muss darum auch mit der Geburt seinen Anfang nehmen, wo das Kind noch keiner Vorstellung, keines Begriffes und somit auch keines bewussten Schmerzes fähig ist. Denn bei einer solchen Lebenstrennung, wenn sie dem Menschen in einem begriffsfähigen Zustande geschähe, könnte er den Schmerz und die zu große Trauer gar nicht ertragen. Trauert doch ein Mensch, wenn durch des Leibes Tod einer seiner besten Freunde gewisserart von seinem Lebensband getrennt wird. Um wie viel mehr würde der Mensch erst trauern, so er mit vollstem Bewusstsein sich von Gott, seinem eigensten

Lebensvater trennen sollte, – was aber dennoch geschehen muss, weil ohne diesen an und für sich schmerzlichen Akt kein Leben neben Gott freigestellt werden könnte.

Des Herrn höchste Weisheit und Liebe versetzt solch eine notwendige Trennung in einem beinahe empfindungslosen Zustand des Menschen. Er gibt ihm zum anfangs ganz gebundenen geistigen Leben ein äußeres Naturleben dazu, das das ehemalige mit Gott vereinte Leben auf unbestimmte Zeit verbirgt, auf dass der Geist sich solche Trennung leichter angewöhne und sich in sein künftiges, absolut freies Leben desto unbeirrter finden kann. Sage, kann ein Mensch dann darum die Gottheit schmähen oder gar leugnen, wenn sie tut, was ihre eigene höchste Liebe, Weisheit und Ordnung gebietet?

Wenn es einen anderen Weg zur Freigestaltung des Lebens aus sich gäbe, der noch weniger schmerzlich wäre, so hätte ihn die Gottheit sicher in ihre Ordnung aufgenommen. Aber bei den Verhältnissen der Lebensdinge, wie sie sind und notwendig sein müssen, ist eben kein besserer Weg möglich.

Der Weg ist somit auch gut und zweckmäßig. Und weil so und nicht anders, da ist ja die Sache selbst schon der größte Beweis fürs sichtbare, greifliche Dasein Gottes, ohne den nichts entstehen, sein und bestehen kann.

Ist aber dadurch das Dasein Gottes offenkundig erwiesen, wie verdient Er es von so weisen Männern, wie du einer sein willst, geschmäht zu werden? – Sieh, lieber Freund, wie unrecht du dem großen, heiligen Vater tust!"

Rede Ich weiter: „Siehe, das Sterben der Menschen ist auch für die äußeren Sinne eine traurige und zumeist mit verschiedenen Schmerzen verbundene Erscheinung. Der bloße Weltverstand findet dies für sehr hart und grausam von Seiten einer allmächtigen Gottheit, die noch dazu voll der höchsten Liebe und Erbarmung sein soll. Wie oft ist die gute Gottheit schon darob von Menschen und Geistern geschmäht oder auch ganz geleugnet worden!

Aber auch da tritt wieder dieselbe Notwendigkeit wie bei der Geburt ein. Der freie Geist im Menschen kann unmöglich anders von jedem seine wahre Freiheit hemmenden Gericht ledig werden als durch die Hinwegnahme seiner gerichteten, zeitweiligen Umhüllung. Diese darf dem Geiste nur so lange belassen werden, bis er von dem Ur-leben Gottes nach allen Teilen völlig isoliert worden ist. Wobei freilich nur Gott als Gestalter des Lebens wissen kann, wann solch ein Geist zur völligen Selbständigkeit gediehen ist. Ist solch eine Reife eingetreten, dann ist es auch an der Zeit, dem Geiste die Last abzunehmen, die ihn an seiner Freiheit hindert.

Freilich sagst du wie viele: ‚Warum geschieht dann diese Abnahme nicht schmerzlos?' – Ich aber sage dir: Würde ein Mensch nach der Lehre Gottes leben, so würde seines Leibes Tod ihm auch nur eine Wollust sein, oder doch wenigstens wäre er völlig schmerzlos. Aber da die Menschen zufolge ihrer Freiheit sich zu sehr in die Widerordnung der Materie begeben, ihren Geist mit eisernen Ketten daran heften und ihn zur Weltliebe erziehen, da muss freilich solche Trennung mit um so mehr Schmerzen verbunden sein, je fester ein Geist sich an die gerichtete Welt angeklebt hat.

Aber auch dieser Schmerz ist dennoch keine Härte, sondern nur die purste Liebe Gottes. Denn würde die Gottheit da nicht eine kleine Gewalt anwenden, die freilich nie wohltun kann, dann ginge der Geist ins vollkommene Gericht über und somit in den qualvollsten ewigen Tod, der da die eigentliche Hölle ist. Aber um den Geist davor möglicherweise zu retten, muss die Gottheit ein solches notwendiges Gewaltstreichlein ausführen. Sage, verdient sie darum wieder, geschmäht oder gar geleugnet zu werden? Leider gibt es nun eine zu große Menge Geister, die von Gott nichts mehr hören wollen, sobald sie ihre Freiheit erlangt haben. Aber Gott unterlässt es dennoch nie, sie auf den besten Wegen zum wahren und vollkommensten Ziele zu leiten.

Siehe, in der Urzeit wurden die Menschen im allgemeinen dem Leibe nach viel älter und starben auch eines gelinden und schmerzlosen Todes. Das geschah aber darum, weil sie in ihrem Geiste von Gott nicht so leicht wie die Menschen dieser Zeit abgelöst werden konnten. Und das darum nicht, weil die Erde für sie viel zu wenig Reize aufzubringen hatte und sie dadurch mehr in sich gekehrt blieben und auch mit Gott in einem schwerer zu trennenden Verband standen.

Als aber mit der Zeit die Menschen der Erde stets mehr Reize abzugewinnen begannen, und sich die Trennung vom Gottesleben daher auch eher ergab, da wurde auch die irdische Lebensperiode stets kürzer und kürzer.

Als endlich die Menschen vor lauter Welttum und seinen Reizen ganz und gar ihres Schöpfers zu vergessen anfingen, da erreichten sie aber auch das Extrem wider alle Gottesordnung, in dem der ewige Tod ihnen zuteil werden müsste Siehe, da war es dann göttlicherseits nötig, sich ihnen wieder mehr zu nähern und sich hie und da zu offenbaren, um die dem ewigen Untergang nahe Menschheit zu retten. Viele ließen sich retten, viele aber nicht – aus eigenem, freiestem Willen! Hätte sie die Gottheit da mit ihrer Allmacht ergreifen sollen, wenn sie ihrer Liebe kein Gehör schenken wollten? Das hieße doch alle solche Geister für ewig verderben!

Was kann da die ewige Liebe anderes tun, als zu sagen: „Weicht von Mir, die ihr euch gänzlich von Mir abgelöst habt, und geht in eine andere Erhaltungsschule, die allen euresgleichen zu eurer möglichen Wiederlöse bereitet ist! Es ist ein Feuer des Gerichtes der Welt, das muss euch los trennen von ihr, ansonsten es um euch geschehen ist!“

Wenn die Gottheit, um solche Übel soviel als möglich zu verhüten, nun äußere Plagen über die Erde kommen lässt, sage, ist sie da nicht vorhanden? Oder ist sie da hart und lieblos, wenn sie tut, was zu tun sie für allernötigst findet? –

➔ Wie kannst du dir auch nur im Traum einfallen lassen, dass die Gottheit ihre Geschöpfe, die sie aus sich heraus zeugte – verfluchen und verdammen soll für ewig! Was hätte sie wohl davon?

Aber wenn sie die Geschöpfe freistellen will für ewig: Muss da nicht ihre größte Sorge sein, dass diese Geschöpfe ja nicht irgend wieder in die Arme ihrer Allmacht hineingeraten, wo es um die Freiheit in jedem Falle geschehen sein müsste Gerade, als so du Kinder hättest und möchtest sie in ihrer Zartheit mit all deiner Manneskraft an deine Brust drücken, was ihnen natürlich das Leben kostete. Wenn du sie aber zu Tode erdrückt hättest und hättest noch andere Kinder, – sage, würdest du diese nicht warnen vor deiner unbändigen Kraft, oder würdest du diese Kraft noch an mehreren versuchen? Dich würde wohl die Erfahrung davor warnen.

Die Gottheit aber bedarf freilich der Erfahrung nicht, da sie im Besitze der unendlichsten Weisheit ist. Sie ist der alleinige wahre gute Hirte aller ihrer Schäflein und kann sie am besten schützen vor ihrer Allmacht, die sie nur zur Gestaltung der gerichteten Dinge der Körperwelt gebraucht, nie aber zur Gestaltung freier Geister aus ihr! Diese müssen allein aus ihrer Liebe und Weisheit hervorgehen, ansonsten an ihnen ewig keine Freiheit und somit auch kein Leben zu bewerkstelligen ist! Denn Gottes Allmacht zeugt nichts als Gericht über Gericht!“

Rede Ich weiter: „Wenn du jene dir so schauderhaft vorkommende Sentenz aus dem Evangelium einmal als kritischer Denker bloß grammatikalisch durchgegangen hättest, so müsstest du schon aus der alleinigen Wortfügung auf den ersten Blick erkannt haben, dass die Gottheit damit ein richterliches Verdammungsurteil über die sogenannten verstockten Todsünder nie habe für ewig wirkend (aus der Allmacht) aussprechen können und wollen!

Denn sieh, es heißt da: ‚Weichet von Mir, ihr Verfluchten!' – Also sind die schon verflucht, an die das Gebot ergeht. Denn sonst müsste es heißen: Da ihr vor Mir allzeit unverbesserlich gesündigt habt, verfluche Ich als Gott euch nun für ewig zur Hölle ins ewige Qualfeuer!

So aber die schon verflucht sind, an welche die Gottheit solche Sentenz ergehen lässt, so folgt daraus: fürs erste, dass die Gottheit hier durchaus nicht als Richter, sondern nur als ein ordnender Hirte auftritt und den von ihr aus eigener Willensmacht ganz abgetrennten Geistern einen andern Weg strenge anweisen muss Weil sie sonst, alles Verbandes mit der Liebe der Gottheit ledig, unmittelbar in die Arme der Allmacht geraten müssten, wo es dann wahrlich um sie geschehen wäre!

Fürs zweite aber fragt es sich, wer sie dann verflucht hat? Die Gottheit unmöglich!

- ➔ Denn wenn die Gottheit jemanden verfluchte, wäre keine Liebe in ihr und auch keine Weisheit.

Wenn die Gottheit gegen ihre Werke zu Felde zöge, zöge sie da nicht so ganz eigentlich gegen sich selbst, um sich zu verderben, – anstatt stets mehr von Ewigkeit zu Ewigkeit sich aufzurichten durch die wachsende Vollendung ihrer Werke, ihrer Kinder!

So aber die Gottheit danach unmöglich aus ihrer Allmacht heraus als Richter erscheinen kann, sondern allein aus Liebe und Weisheit heraus als ordnender Hirte, so ist es ja klar, dass solche Geister zuvor durch etwas anderes mussten gerichtet worden sein. Durch wen aber? – Diese Frage ist gar leicht zu beantworten, wenn man nur soviel Selbsterkenntnis besitzt, um dieses einzusehen: dass ein Wesen einerseits einen völlig freien Geist und Willen hat, der eigentlich allein der Liebe und Weisheit Gottes entstammt. Andererseits aber, auf dass es von der Allmacht isoliert werden könne, um ein wahrhaft vollkommen freies Wesen zu werden, auch eine Zeitlang einen von der Allmacht gerichteten Leib und eine äußere, gerichtete Welt mit eigenen, ebenfalls gerichteten Reizen haben muss. Es kann daher durch niemand anders als lediglich nur durch sich selbst gerichtet und bestimmt werden. Es kann sich ein solch freies Wesen nur selbst ‚verfluchen', d.h. gänzlich von aller Gottheit absondern.

Die Gottheit aber, die auch solch einem Wesen die Freiheit nicht nehmen will, kann da nichts anderes tun, als solche verirrte Wesen bei ihrer Beschaffenheit anrufen und mit Liebernst ihnen den Weg anzeigen, auf dem sie wieder in den Verband der Liebe und Weisheit Gottes treten können. Außerhalb dieses Verbandes ist keine absolute Freiheit und somit auch kein geistiges, ewiges Leben denkbar. Denn außerhalb dieses Verbandes wirkt allein nur die Allmacht der Gottheit, – in der nur die Kraft der Liebe und Weisheit Gottes wesenseins mit der

Allmacht als das Ur-leben bestehen kann. Jedes andere, von diesem Ur-leben abgelöste Leben muss in ihr zugrunde gehen und ewig erstarren, weil es für sich unmöglich der endlosesten Kraftschwere den leisesten Widerstand leisten kann!

Darum heißt es auch: Gott wohne im ewig unzugänglichen Lichte! Was so viel sagen will als: Gottes Allmacht, der eigentliche Machtgeist Gottes, der die Unendlichkeit erfüllt, ist für das Sein jedes geschaffenen Wesens, so es bestehen soll, für ewig unzugänglich. Denn jeder Konflikt mit der Allmacht Gottes ist der Tod des Wesens! Daher wird auch die Sünde gegen diesen Machtgeist als höchst verderblich bezeichnet. Weil ein Wesen, das, von der Gottes-Liebe sich zuvor völlig trennend, mit dieser Macht sich messen will, notwendig von solcher Allkraft gänzlich verschlungen werden muss und nur schwer oder auch wohl gar nicht mehr von ihr loszuwinden ist, – gleich als wenn eine Milbe unter dem Schutt des Himalaja begraben wäre! Wie würdest du sie daraus befreien?“«

J.L., Von der Hölle bis zum Himmel - Band 1 / 27. - 29. Kapitel

„Daher hat sich der Herr euer erbarmt“ - falsche Auslegung der göttlichen Gesetze am Beispiel des 10 Gebotes

Vom traurigen Irrglauben der heidnisch-christlichen Seite, demzufolge die Liebe Gottes nur so lange dauere, solange der Mensch auf dieser Welt lebt

Der Herr: „Wie das Gesetz lautet, wissen wir (Du sollst nicht begehren deines Nächsten Weib, d. Hg.): es untersagt ein Verlangen oder ein Begehren. Nun aber fragt es sich: Irgendein Mann ist verarmt, während sein Nachbar ein reicher Mann ist. Das Weib des Nachbarn als des Nächsten unseres armen Menschen, hat, wie ihm bekannt ist, ein mitleidiges und mildtätiges Herz. Unser Armer bekommt nun offenbar ein Verlangen nach dem mildtätigen Weibe seines Nachbarn und begehrt, dass sie ihm den Hunger stille. Frage, hat dieser gesündigt oder nicht? Er hat offenbar ein Verlangen und Begehren nach dem Weibe seines Nachbarn gestellt. Nachdem es aber heißt: Du sollst kein Verlangen nach dem Weibe deines Nächsten haben – wer kann hier begründeter maßen dieses billige Verlangen des Armen als unsündhaft erklären? Denn unter „kein Verlangen, kein Begehren haben" muss doch sicher jedes Verlangen und jedes Begehren untersagt sein, da in dem Wort „kein" durchaus keine Ausnahme erweislich ist. So muss denn auch dadurch ein wie immer geartetes Verlangen untersagt sein.

Leuchtet aus dieser Erklärung nicht augenscheinlich hervor, als habe der Herr dadurch das weibliche Geschlecht offenbar von der Liebtätigkeit abwendig machen wollen, wonach dann sicher eine jede Wohltat, die eine Hausfrau einem armen Menschen erteilt, als eine dem göttlichen Gebote vollkommen zuwiderlaufende Sünde anzusehen ist?

Lässt sich aber ein so unsinniges Gebot von Seiten der allerhöchsten Liebe des Herrn wohl denken? Man wird hier freilich sagen: Das Gebot beschränkt sich nur auf das fleischlich wollüstige

Verlangen. Ich aber sage: Es ist gut, lassen wir es also bei dem bewendet sein, nur muss man mir dabei erlauben, einige Bemerkungen zu machen. Stoßen diese Bemerkungen das Bewendet-sein-lassen um, dann muss es sich ein jeder Einwender gefallen lassen, bei der Bestimmung dieses Gebotes einen anderen Weg zu ergreifen. Und so vernehme man die Bemerkungen.

Das Gebot soll also lediglich ein sinnlich fleischliches Verlangen untersagen. Gut, sage ich, frage aber dabei: Ist im Gebot ein bestimmtes Weib angegeben oder sind im Gebote alle Weiber verstanden oder finden gewisse natürliche Ausnahmen statt?

Nehmen wir an, mehrere sich gegenüberstehende Nachbarn haben alte, nicht mehr reizende Weiber. Da können wir versichert sein, dass diese Nachbarn hinsichtlich ihrer gegenseitigen Weiber durchaus kein fleischliches Verlangen mehr haben. Demnach müssten nur die jungen Weiber verstanden sein und auch nur dann, wenn sie schön und reizend sind. Sicher werden auch alte und abgelebte Männer nicht mehr viel von fleischlich sinnlichen Begierden gequält sein gegenüber was immer für Weibern ihrer Nachbarn.

Daraus aber sehen wir, dass dieses Gesetz nur unter gewissen Bedingungen geltend ist. Also hat das Gesetz Lücken und hat somit keine allgemeine Geltung. Denn wo schon die Natur Ausnahmen macht und ein Gesetz so nicht einmal die volle naturmäßige Geltung hat, wie soll es sich da ins Geistige erstrecken? Wer solches nicht begreifen kann, der breche nur einen Baum ab und sehe, ob er dann noch wachsen wird und Früchte tragen.

Ein göttliches Gesetz aber muss doch sicher so gestellt sein, dass dessen beseligende Geltung für alle Ewigkeiten „gesetzt" ist. Wenn es demnach aber schon im Verlaufe des kurzen irdischen Daseins unter gewissen Umständen natürlicherweise über die geltenden Schranken hinausgedrängt wird, also schon im Naturzustand des Menschen als wirkend zu sein aufhört, was soll es dann für die Ewigkeit sein? Ist nicht jedes Gesetz Gottes in Seiner unendlichen Liebe gegründet? Was ist es denn aber hernach, wenn ein solches Gesetz außer Geltung tritt? Ist das etwas anderes, als so man behaupten möchte, die göttliche Liebe tritt ebenfalls unter gewissen Umständen außer Geltung für den Menschen?

Darauf aber beruht auch der traurige Glaube eurer heidnisch-christlichen Seite, demzufolge die Liebe Gottes nur so lange dauert, solange der Mensch auf dieser Welt lebt. Ist er einmal dem Leibe nach gestorben und steht lediglich seelisch und geistig da, so fängt sogleich die unwandelbare, schrecklichst gestrenge, strafende Zorngerechtigkeit Gottes an, bei der von einer Liebe und Erbarmung ewig keine Rede mehr ist.

Hat der Mensch durch seine Lebensweise den Himmel verdient, so kommt er nicht etwa zufolge der göttlichen Liebe, sondern nur zufolge der göttlichen Gerechtigkeit in den Himmel, natürlich durch das eigene, Gott dienliche und wohlgefällige Verdienst. Hat aber der Mensch nicht also gelebt, so ist die ewige Verdammnis augenblicklich vorhanden, aus der nimmer eine Erlösung zu erwarten ist. Mit anderen Worten will dies sagen, es gäbe irgendeinen törichten Vater, der da in seinem Haushalte ein Gesetz aufstellte, und das gegen seine Kinder, welches also lauten möchte:

Ich gebe allen meinen Kindern von der Geburt an bis in ihr siebentes Jahr vollkommene Freiheit. In dieser Zeit sollen sie alle meine Liebe ohne Unterschied genießen. Nach Verlauf des siebenten Jahres aber ziehe ich bei allen Kindern meine Liebe zurück und will sie von da an entweder richten oder beseligen. Die als unmündige Kinder meine schweren Gesetze gehalten haben, die sollen nach dem siebenten Jahre sich fortan meines höchsten Wohlgefallens zu erfreuen haben. Welche sich aber im Verlaufe der sieben Jahre nicht völlig bis auf ein Atom nach meinem schweren Gesetze gebessert haben, diese sollen fortan für alle Zeiten aus meinem väterlichen Hause verflucht und verworfen werden. –

Sagt, was würdet ihr zu einem so grausamen Esel von einem Vater sagen? Wäre das nicht ungeheuer mehr als die schändlichste Tyrannei aller Tyrannen?

Wenn ihr aber solches schon bei einem Menschen unbeschreiblich töricht, arg und böse finden würdet, wie entsetzlich unsinnig müssen da die Menschen sein, die noch weit Ärgeres Gott, der die allerhöchste Liebe und Weisheit Selbst ist, ansinnen und zuschreiben können!

Was tat der Herr am Kreuz als die alleinige göttliche Weisheit, da Sie gewisserart dem Außen nach wie geschieden war von der ewigen Liebe? – Er, als die Weisheit, und als solche der Grund aller Gerechtigkeit, wandte Sich Selbst an den Vater oder an die ewige Liebe, forderte diese nicht gewisserart gerechtermaßen um Rache auf, sondern Er bat die Liebe, dass Sie allen diesen Missetätern, also auch allen den Hohepriestern und Pharisäern alle ihre Tat vergeben möchte, indem sie nicht wissen, was sie tun! –

Solches tut also hier schon die göttliche Gerechtigkeit für Sich. Soll dann die unendliche göttliche Liebe da zu verdammen anfangen, wo die göttliche Gerechtigkeit die noch endlos barmherzigere Liebe um Erbarmung anfleht?

Wenn man das nicht gelten lässt, dass es dem Herrn wirklich Ernst war mit Seiner Bitte, und sagt, solches habe Er nur beispielsweise getan, macht man da den Herrn nicht zu einem Heuchler, indem man Ihn nur scheinhalber am Kreuze um Vergebung bitten lässt, heimlich aber sieht man in Ihm doch die unvertilgbare Rache, derzufolge Er in Sich dennoch alle diese Übeltäter schon lange in das aller schärfste höllische Feuer verdammt hat?

O Welt! O Menschen! O schrecklichster Unsinn, der je irgend in der ganzen Unendlichkeit und Ewigkeit erdacht werden könnte! Kann man sich wohl etwas Schändlicheres denken, als so man zur falschen, freilich zeitlich einträglichen Autoritätsbegründung der Hölle den Herrn am Kreuze zu einem Lügner, Scheinprediger, Verräter und somit zum allgemeinen Weltenbetrüger macht? Aus wessen Munde als nur allein aus dem des Erzsatans kann solche Lehre und können solche Worte kommen?

Ich meine, es genügt auch hier wieder, um euch zu der Einsicht zu bringen, welche Greuel aus einer höchst verkehrten Deutung und Auslegung eines göttlichen Gesetzes hervorgehen können. Dass es bei euch auf der Welt also ist, das könnt ihr wohl schon selbst bereits mit den Händen greifen. Aber warum es so ist, aus welchem Grunde, das wusstet ihr nicht und konntet es auch nicht wissen; denn zu verwirrt war der Gesetzesknoten, und nimmer hätte jemand diesem Knoten die volle Lösung geben können. –

Daher hat sich der Herr euer erbarmt und lässt euch in der Sonne, da es doch sicher licht genug ist, die wahre Lösung dieses Knotens verkünden, auf dass ihr den allgemeinen Grund aller Bosheit und Finsternis erschauen möchtet.

Man wird freilich sagen: Ja, wie kann denn so viel Übel von dem Missverstehen der zehn Gebote Mosis abhängen?

Da meine ich: Weil diese zehn Gebote von Gott gegeben sind und in sich tragen die ganze unendliche Ordnung Gottes selbst.

Wer sonach in einem oder dem andern Punkte auf was immer für eine Art aus der göttlichen Ordnung tritt, der bleibt in keinem Punkte mehr in der göttlichen Ordnung, indem diese gleich ist einem geraden Wege. So jemand wo immer von diesem Wege abweicht, kann er da sagen: Ich bin nur ein Viertel; Fünftel, Siebentel oder Zehntel des Weges abgewichen? Sicher nicht. Denn so wie er nur im geringsten den Weg verlässt, ist er schon abseits vom ganzen Wege. Will er nicht auf den Weg zurückkehren, da wird man doch gewiss behaupten können, dass derjenige einzelne Punkt am Wege, wo der Wanderer von selbem abwich, den Wanderer vom ganzen Wege entfernt hatte.

Und eben so verhält es sich auch mit jedem einzelnen Punkt des göttlichen Gesetzes. Es kann nicht leichtlich jemanden geben, der sich am ganzen Gesetz gewaltigst versündigt hätte, indem solches nahezu unmöglich ist. Aber es ist genug, wenn sich jemand in einem Punkte versündigt und dann dabei beharrt. Er kommt auf diese Weise doch vom ganzen Gesetz hinweg, und wenn er es nicht will und der Herr ihm nicht behilflich sein möchte, so käme er nimmer auf den Weg des Gesetzes oder der göttlichen Ordnung zurück. Und so könnt ihr auch versichert sein, dass die meisten Übel der Welt vom freilich wohl leider anfänglich eigen- und böswilligen

Unverstande oder vielmehr von der böswilligen Verdrehung des Sinnes dieser beiden letzten göttlichen Gebote herrühren.“

J.L., Die Geistige Sonne - Band 2 / 95. Kapitel

Der Herr ist auch in der Hölle pur Liebe

Eine Jenseits-Szene.
JESUS berichtet:

»Der Prior spricht (zu dem von ihm noch unerkannten Jesus, d. Hg): „O du göttlicher Freund und Bruder! Wäre es denn wohl noch möglich, dass ich der Hölle entrinnen könnte?!“

Ich (Jesus) spreche: „Wer hat dich denn zur Hölle verdammt? Meinst du, die Boten der ewigen Liebe werden solches tun?.. Wenn du dich selbst nicht verdammst durch deinen unbeugsamen Sinn, und wenn du, wie ich es sehe, Liebe zum Herrn in dir empfindest, wo ist wohl da derjenige, der über alles das die Macht hätte, dich zur Hölle zu verdammen? Meinst du, der Herr sendet Seine Boten der Verdammnis wegen? O da bist du noch in einer großen Irre!

Der Herr sendet Boten nur der Erlösung, aber ewig nie der Verdammnis willen! Daher kümmere dich nicht mehr um Törichtes, sondern mache deine Liebe zum Herrn hell auflodern und gehe hin in solcher Liebe zu deinen Brüdern und führe sie alle aus ihren Gefängnissen hierher, und du wirst dann erst erfahren, wie der Herr Seine Kinder richtet.

Glaube mir:

➔ der Herr ist auch in der Hölle pur Liebe; und nicht ein arger Geist ist darinnen, der nicht, so er nur will, berechtigt wäre, als ein verlorener Sohn zum Vater zurückzukehren!

–

Wenn aber solches der allergewisseste und untrüglichste Fall ist, so wirst du wohl auch aus deiner Liebe zum Herrn schließen können, dass dich

Seine Allmacht nicht für die Hölle erschaffen hat. Daher gehe nun und tue, was ich dir gesagt habe, auf dass dir bald eine Löse werde!"«

J.L., Die Geistige Sonne - Band 1 / 86. Kapitel / Verse 13 – 16

Rückkehr aus Gottesferne (Verdammnis) ist auch im Jenseits noch möglich

"Die Toten in Christus werden zuerst auferstehen!" (1.Tes.4)

"Wahrlich, wahrlich, ich sage euch: Die Stunde kommt und ist schon da, wo die Toten die Stimme des Sohnes Gottes hören werden, und die sie hören, werden leben." (Joh.5.25)

Diese Verse aus der Bibel bezeugen, dass es im Jenseits sehr wohl weitere Bekehrungsversuche gibt, und dass den noch von Gott abgewandten Seelen das Evangelium gepredigt, sprich: die Wahrheit gelehrt wird. Obschon diese Verse nicht den Leibestod, sondern den geistigen Tod meinen. Man ist also tot und dennoch existiert man, denn als Tod ist eine Seele zu bezeichnen, die sich selbst freiwillig von der Lebensader Gottes abgetrennt hat. Tod bedeutet: nicht der Kräftigung und Lebensvollendung in Gott durch die Liebetätigkeit, sondern der Schwächung und Zerstreuung ohne Gott, durch Eigenliebe, Hochmut oder Gleichgültigkeit (Lauheit) zuzustreben. Dieser geistige Tod ist die "Ewige Verdammnis", sie ist das von Gott abgewandte Sein und Streben!

Im Band 1 der „Haushaltung Gottes“, Kapitel 5, Vers 37 lesen wir:

> "Daher, wer beständig bleibt in der Mitte der Liebe der Erkenntnis, was die Gnade ist, dessen Lenden werden glühen vor Liebe aus Gott wie der Gürtel der Erde, und seine Augen werden leuchten vor Erkenntnis wie die Pole, und seine Arme werden sich bewegen wie die Flüsse, Bäche und Quellen, und die Handlungen werden zuströmen den Meeren der göttlichen Erbarmungen, die gesalzen sind mit der Gnade und mit den Erkenntnissen der ewigen Liebe und des ewigen Lebens."

Es ist auch da nirgends die Rede von einer ewigen Verdammung der Geschöpfe eines Gottes, Der doch die ewige Liebe Selbst ist, im Gegenteil! Wir lesen im Römerbrief 11,23:

> "Jene aber, sofern sie nicht im Unglauben bleiben, werden eingepfropft werden; denn Gott kann sie wieder einpfropfen.",

In Hiob 33:23-24:

> "So dann ein Engel für ihn als Mittler eintritt, einer aus tausend, zu verkündigen dem Menschen, wie er solle recht tun, so wird Er, Gott, ihm gnädig sein und sagen: Erlöse ihn, dass er nicht hinunterfahre ins Verderben; denn Ich habe eine Versöhnung gefunden."

In „Die Geistige Sonne“ Bd. 2, Kapitel 48, Vers 19:

> "Gott ist in Sich Selbst die ewige und allerreinste Liebe Selbst. Aus dieser unendlichen Liebe bist du Mensch hervorgegangen; also ein Werk der Liebe bist du. Daher sollst du auch Gott, deinen Schöpfer, der dich ganz und gar aus Seiner Liebe gebildet hat mit aller deiner Liebe ergreifen und Ihn lieben über alles! Tust du solches, so ergreifst du das ewige, unvergängliche

> Leben und lebst ewig in selbem. Tust du es nicht, da trennst du dich vom Leben, und das Los deiner Trennung ist der ewige Tod!"

In J. Hentzschel 02,82:

> "Mein Jesusblut bringt jedem reuigen Sünder Versöhnung, Reinigung und den Sieg über Sünde und Satan"

Auch hier wird keine Bedingung an Zeit und Raum geknüpft, so, wie es Irrlehrer immer wieder behaupten, dass eine Entscheidung für Jesus nur im Erdenleben erfolgen könne. Sie werden keine einzige Bibelstelle aufzuzeigen im Stande sein, die solches belegt. Alles dies sind nämlich eben genau die Folgen ihrer höchst eigenen Verdammnis, weil sie kein Wissen vom Leben im Jenseits und dessen Welt haben.

> "Und Gott sah ihre Taten, dass sie umkehrten von ihren bösen Wegen, und ihn reute das Übel, das er ihnen angedroht hatte, und er tat es nicht!" (Jona 3,10)

> 1 "Das aber missfiel Jona sehr, und er wurde zornig." 2 "Denn ich wusste, dass Du ein gnädiger

> und barmherziger Gott bist, langmütig und von großer Gnade, und das Unheil reut dich!“ 4 "Da sprach der Herr: Ist es recht, dass du so zornig bist?“ 6 "Da entsandte Gott, der Herr, eine Rizinusstaude, die wuchs über Jona empor, um seinem Haupt Schatten zu spenden und ihn von seiner üblen Laune zu befreien". (Jona 4,1-6)

Unbarmherzige Menschen sind es, die Gott Unbarmherzigkeit zusprechen. Ja, Gottes Erbarmung für alles Gefallene passt vielen nicht in ihren gotteskindschaftlichen Hoheitsdünkel hinein, und so wollen Sie es nicht gelten lassen und uns ein anderes Haus Gottes vorstellen und lehren, man habe „Gerechtigkeit“ nicht verstanden. Doch da spricht der Herr:

> „Was ist‘s denn für ein Haus, das ihr Mir bauen wollt? Meine Hand hat alles gemacht!“. (Jes.66,1-2)

> "Immer wieder dürfen sie vertrauensvoll zurückkehren, um an Meine Liebe zu appellieren, auch wenn sie wider Meinen Willen zu weit sich entfernt haben, Ich weise keines zurück, und reiche jedem die Hand der Versöhnung.“ (JLa, Vaterbriefe, 01,21)

"Der Schöpferwille bleibt über allem Kindeswillen hoch-erhaben Außerhalb der Gottheitsgrenze gibt es nichts! Mein Wille ist zum Segen und zur Freude jedes Kindes diese Grenze. Der Raum ist groß, die Zeit ist ausgedehnt." (Jes. 40, 22; Ps. 104, 2)

Der Hirte sucht das Verlorene, diesem gilt das Erlösungswerk uneingeschränkt. So schnell, wie da manche Menschen meinen, gibt Gott nicht auf. Aber solche, die selbst noch in der Verdammnis sind und folglich den Vater nicht kennen, Seine Liebe beschneiden und einen Richtergott lehren, erhalten eine eindringliche Mahnung durch Paulus:

5"Denn wenn ihre Verwerfung die Versöhnung der Welt ist, was wird ihre Annahme anderes sein als Leben aus den Toten!" 16: „Ist die Erstlingsgabe vom Teig heilig, so ist auch der ganze Teig heilig; und wenn die Wurzel heilig ist, so sind auch die Zweige heilig." (Röm. 11:5 und 16)

Warnung schon durch Paulus an die Heidenchristen vor Überheblichkeit

17 "Wenn aber nun einige von den Zweigen ausgebrochen wurden und du, der du ein wilder

Ölzweig warst, in den Ölbaum eingepfropft worden bist und teilbekommen hast an der Wurzel
und dem Saft des Ölbaums, 18 so rühme dich
nicht gegenüber den Zweigen. Rühmst du dich
aber, so sollst du wissen, dass nicht du die Wurzel trägst, sondern die Wurzel trägt dich. 19 Nun
sprichst du: Die Zweige sind ausgebrochen worden, damit ich eingepfropft würde. 20 Ganz
recht! Sie wurden ausgebrochen um ihres
Unglaubens willen; du aber stehst fest durch den
Glauben. Sei nicht stolz, sondern fürchte dich! 21
Hat Gott die natürlichen Zweige nicht verschont,
wird er dich doch wohl auch nicht verschonen. 22
Darum sieh die Güte und den Ernst Gottes: den
Ernst gegenüber denen, die gefallen sind, die
Güte Gottes aber dir gegenüber, sofern du bei
seiner Güte bleibst; sonst wirst du auch abge-
hauen werden. 23 Jene aber, sofern sie nicht im
Unglauben bleiben, werden eingepfropft wer-
den; denn Gott kann sie wieder einpfropfen."
(Röm.11:17)

Deshalb kam Christus in die Welt, um ihr das Licht des Lebens zu sein. Um die Brücke über die unüberwindliche Kluft zwischen der ewigen Verdammnis (Gottesferne) und der ewigen Seligkeit in Gott zu bauen! Er kam eben wegen der Toten! Und jeder Mensch ist tot im wahren Sinne, in dem Jesus noch nicht wiederge-kommen ist durch die

Wiedergeburt des Geistes in seiner Seele. Und diese ist nicht mit einem bloßen Ja und Bekenntnis zu Christus erreicht, sondern allein durch die Werke der reinen Liebe, so, wie der Herr sie uns vorgelebt hat, weil nur die gütige Liebe das Wachstum des Gottesgeistes im Menschen bewirkt!

Das Bekenntnis, der Glaube, ist nur die Vorbedingung, aber ein Glaube ohne die Werke der Liebe ist so gut wie keiner! Denn wie bei der Kerze die Wärme das Licht gebiert und beides zusammen als die Flamme in wirkendes Erscheinen tritt, so gebiert die Liebe die Wahrheit, und beides wirkt im Menschen als der Heilige Geist! So hat ein Mensch, der die Liebe hat, auch das Licht des Lebens, denn er wird sodann vom Heiligen Geist Selbst gelehrt! Er erhält also innere Offenbarung über die Bibel hinaus, daher auch Paulus sagte:

> "Den Geist dämpfet nicht, die Weissagung verachtet nicht, prüfet alles, das Gute behaltet!" (1.Tes.5)

Nur freiwillig wendet man sich ab von der göttlichen Ordnung und verdammt sich damit selbst!

Der Herr spricht:

> "Alle Seelen, gute und böse, sind aus Mir; und wie von Mir ewig nichts vernichtet werden kann, also auch die böseste Seele nicht, sondern eine jede Seele wird fortleben nach ihrer Liebe." (Großes Evangelium Johannes, Band 6, Kap. 24)

Jeder Seele ist es, auch ohne Leib, möglich, zur Ordnung Gottes zurückzukehren. Denn Gott ist ein Geist, und wir sind es auch, da wir aus Gott sind. So werden wir auch nach dem Sterben des Leibes derselbe Mensch sein, der wir in dem Moment des Ablebens sind, denn wir sind ja die Seele, die den Körper belebt. Als aber dann wieder eine freie Seele leben wir in der Geisterwelt, entweder im Licht oder in der Finsternis, das heißt: Entweder in der Erkenntnis Gottes oder in der Unkenntnis Gottes, je nach dem wie wir unseren Glauben an Jesus durch die Tat der aufopfernden, dienenden Liebe lebendig werden lassen und den Heiligen Geist empfangen oder aber im Unglauben oder toten Glauben verharren. Denn nur Liebe gebiert die Gotteserkenntnis und gibt der Seele Erleuchtung, so, wie die Wärme das Licht hervorbringt.

Es gibt keinen Himmel, in welchen man irgendwo "hineinkommt" und in dem man dann immer nur selbstsüchtig genießt und schwelgt und etwaige Annehmlichkeiten des Seins genießt, ungeachtet derer (die meist auch Freunde und Anverwandte auf Erden waren), die angeblich von der Gottheit verdammt wurden, weil sie nicht glauben wollten oder konnten. Nein, der Himmel kommt „in den Menschen hinein" durch die Werke der Liebe, gemäß dem Wort Christi, und dort dient einer dem anderen, denn das gegenseitige Wohltun und Dienen ist da die größte Freude!

Der Herr spricht weiter:

„Denn sieh, es heißt da: ‚Weichet von Mir, ihr Verfluchten!' – Also sind die schon verflucht, an die das Gebot ergeht. Denn sonst müsste es heißen: Da ihr vor Mir allzeit unverbesserlich gesündigt habt, verfluche Ich als Gott euch nun für ewig zur Hölle ins ewige Qualfeuer!

So aber die schon verflucht sind, an welche die Gottheit solche Sentenz ergehen lässt, so folgt daraus: fürs erste, dass die Gottheit hier durchaus nicht als Richter, sondern nur als ein ordnender Hirte auftritt und den von ihr aus eigener Willensmacht ganz abgetrennten Geistern einen andern Weg strenge anweisen muss. Weil sie sonst, alles Verbandes mit der Liebe der Gottheit ledig, unmittelbar in die Arme der Allmacht geraten müssten, wo es dann wahrlich um sie geschehen wäre!

Fürs zweite aber fragt es sich, wer sie dann verflucht hat? Die Gottheit unmöglich! Denn wenn die Gottheit jemanden verfluchte, wäre keine Liebe in ihr und auch keine Weisheit. Wenn die Gottheit gegen ihre Werke zu Felde zöge, zöge sie da nicht so ganz eigentlich gegen sich selbst, um sich zu verderben, – anstatt stets mehr von Ewigkeit zu Ewigkeit sich aufzurichten durch die wachsende Vollendung ihrer Werke, ihrer Kinder!

So aber die Gottheit danach unmöglich aus ihrer Allmacht heraus als Richter erscheinen kann, sondern allein aus Liebe und Weisheit heraus als ordnender Hirte, so ist es ja klar, dass solche Geister zuvor durch etwas anderes mussten gerichtet worden sein. Durch wen aber? – Diese Frage ist gar leicht zu beantworten, wenn man nur soviel Selbsterkenntnis besitzt, um dieses einzusehen: dass ein Wesen einerseits einen völlig freien Geist und Willen hat, der eigentlich allein der Liebe und Weisheit Gottes entstammt. Anderseits aber, auf dass es von der Allmacht isoliert werden könne, um ein wahrhaft vollkommen freies Wesen zu werden, auch eine Zeitlang einen von der Allmacht gerichteten Leib und eine äußere, gerichtete Welt mit eigenen, ebenfalls gerichteten Reizen haben muss. Es kann daher durch niemand anders als lediglich nur durch sich selbst gerichtet und bestimmt werden. Es kann sich ein solch freies Wesen nur selbst ‚verfluchen', d.h. gänzlich von aller Gottheit absondern."

J.L.: „Von der Hölle bis zum Himmel" Band 1, Kapitel 29, Verse 2 - 5

Nur wer noch im geistigen Tode ist lehrt eine ewige Verwerfung des Geschöpfes

Ein Engelsfürst:

„Meinst du, dass Ich Gefallen habe am Tode des Gottlosen, und nicht vielmehr, dass er sich bekehre von seinem Wesen und lebe?“, spricht der Herr.

Der Himmel ist betrübt, wir Engel weinen; denn Menschen, die ihre Brüder zur Erkenntnis führen sollten, sie verdammen — mit ihrem Wort — in eine ewige Verdammnis! Darf man verdammen, wo doch jeder Mensch, jede Seele Gottes Gnade und Erbarmung braucht? Sind weltlich Hochgestellte nicht auch Sünder und ‚mangeln des Ruhmes, den sie an Gott haben sollten‘? Der Heilige, die hohe Liebe und Erbarmung, hat daran kein Gefallen, dass ein Kind verloren ginge. Dafür steht das ‚Kreuz von Golgatha‘ auf höchster Zinne! *Wer andere verdammt und auszuschließen sucht* — können kann es keiner! — von Gottes heiliger Barmherzigkeit, *der hat sich selber ausgeschlossen.* Dann wird es lange währen, bis er die Vergebung für sich selber nachverdienen kann!

Ach, wie häufig richten Menschen über Menschen, fraglos, ob sie es auch dürften, da sie doch gleichermaßen aus des Schöpfers Macht geboren sind. Merkt nur auf, ihr Heutigen: auch die Alten, vor der Zeit des Herrn, zumal, nachdem Gott als Heiland abermals Sein Wort verkündet hatte, da wurde streng gerichtet, bis zum martervollen Tod.

Der große Zeuge hat jedoch bekannt: „Ob des Evangeliums willen bin ich mir keiner Schuld bewusst, dass mich die Welt-Großen richten dürften; doch bin ich darin nicht gerecht, sondern eben das: Der Herr richtet mich!" Wie? ‚Ich habe euch des Vaters Willen kundgetan, was Sein heiliges Gericht bedeutet; und dass ihr es nicht vergesst, bei euren Nächsten und den Armen anzuwenden: Niemals richtet Gott zum Tode, nicht zu einer ewigen Verdammnis, wie die Unklugen es bekunden. Er richtet auch die ärmste Seele auf, Er richtet sie gerade, Er richtet alle Kinder heim ins Vaterhaus!‘ Wollt ihr alle dahin kommen, so nehmt im Gebet auch alle anderen mit!

Aus: A.W., Der Himmel verkündet

Unversöhnlichkeitszustand ist unvereinbar mit Golgatha

Eines Engelsfürsten Weisheitsrede:

‚Wer böse ist, der sei fernerhin böse, und wer unrein ist, der sei fernerhin unrein; aber wer fromm ist, der sei fernerhin fromm, und wer heilig ist, der sei fernerhin heilig.‘ Je zwei der meist Unverstandenen, wieder vier Hinweise bilden ein Gegenüber. Mehr verborgen bedeuten sie die UR-Bedingungen und den freien Willen, wie auch die unwandelbaren und die wandelbaren Gesetze.

Würde das Wort Unendliches betreffen, dann

müsste es heißen: Wer ist, der wird fernerhin sein. Dies als 1. Unabänderliches glauben viele Christen.

➔ Wer das von heiligem Ordnungsgesetz gebahnte UR-System nicht kennt, der redet von der ewigen Verdammnis, von dem ewigen Tod. Kann er aber Gottes Allmacht oder Seine Güte schmälern?

Wer ‚ist' = es gab und gibt Böse, Unreine, Fromme, Geheiligte; das ‚sei' entspricht dem freien Willen. Es ist nicht abgemacht, dass der Böse unwandelbar böse bleiben muss wäre ‚sei ferner' wirklich das, — unverständlich bliebe, wenn Gott solches Muss den Lebenden zum Fallstrick macht, und sie dafür ewig abzustrafen.

➔ Wer das glaubt, hat Gottes Liebe nicht begriffen; leer, bitterarm wird er einst in ein für ihn leeres Jenseits kommen.

Gottes Güte ist die erste Monatsfrucht auf Seinem Allmachtsbaum, die Er dem Tage als Samen übergab. Aus ihm entspringt ‚wer ist, der sei'. Wer sich nicht wandeln will, den wird Harmagedon wandeln, bis er sein ‚Gewand der Welt' wie einen Bettlerfetzen von sich wirft. Bedingung ist: Selber muss sich jeder der Erkenntnis beugen, bis ihm die Güte-Frucht gegeben werden kann. Derselbe Sinn entfällt auf die Frommen und Geheiligten. Wer ist, der sehe zu, dass er nicht falle (1. Kor. 10, 12).

‚Siehe, Ich komme bald und Mein Lohn mit Mir, zu geben einem jeglichen, wie seine Werke sein werden. Ich bin das A und das O, der Anfang und das Ende, der Erste und der Letzte.' Lieber sprach der Herr vom Lohn als vom Gericht (Joh. 12, 47). Mit dem Öffnen der Bücher und des Lebensbuches zeigt sich der Lohn, auch in dem heiligen ICH-BIN! Wer nach Gottes Lebensworten tut, der hat seligen Lohn am Anfang und am Ende, im Ersten und im Letzten, in UR-Ewigkeit.

‚Selig sind, die Seine Gebote halten, auf dass sie Macht haben an dem Holz des Lebens und zu den Toren eingehen in die Stadt. Denn draußen sind die Hunde, Zauberer, Hurer, Totschläger, Abgöttischen und alle, die liebhaben und tun die Lüge.' Auch das legt man als dauernden Tod und Hölle aus. Schafft denn Gott auch Wesen, die für immer tot zu bleiben haben? Wo wäre Sein UR—Lebenstrieb?! Da es nichts gibt außer Ihm, müssten Tod und Hölle ein UR—Teil sein! —? Wer möchte das vor Seinem Angesicht behaupten? Ein Unversöhnlichkeitszustand... und das wäre eine dauernde Verdammnis oder Tod... lässt sich mit Golgatha niemals vereinigen!

Aus: A.W., Das Gnadenbuch / Der Gottes-Seher und sein Zeugnis

Weshalb predigt man von Verdammnis und zugleich vom Gott der Güte?

„Weshalb predigt man von Teufel und Verdammnis und zugleich vom Gott der Güte und der Liebe?" fragt Juanita. „Das frage ich mich auch." Wanger lässt ein leises Lachen hören. „Da die Erstkirche, die zur Weltmacht griff, unaufgeklärte Menschen brauchte, musste man sie schrecken. Das übertrug man auf ein ewiges Leben, wobei man nicht des Fehlers achtete: einesteils der ewige Tod und in diesem ewige Pein. Ist man tot im Kirchensinn, kann man auch nichts fühlen. Aber bleibt die ewige Lebendigkeit, dann muss man an des Schöpfers Güte denken, die gleichfalls ewig währt...!

Das Gott eher alles lenkte, als je ein Fall geschah, lässt erkennen, dass auch die Barmherzigkeit kein Ende hat. Alsdann kann kein ewiges Verderben existieren; vom ewigen Tod noch ganz zu schweigen. Dass es den nicht gibt, hat der Herr durch Seinen Seher (Johannes) wörtlich offenbart:

> ‚Der Tod und die Hölle wurden geworfen in den feurigen Pfuhl. Das ist der andere Tod' (Auflösung, Off. 20, 14).

Tod und Hölle sind Objekte, die bei Gott nie existent gewesen sind, für uns durch Golgatha beseitigt! Gott hat damit aufgezeigt, dass des Falles Grube, die Gottesferne, Leid, alles, was sich durch den Fall ergab, bei Ihm keine Gültigkeit besaß. Nur durch das Fallkind (Luzifer) war die Gültigkeit gegeben; allein, alles Auf und Ab, das Ferne und das Nahe, unterlag der Führung Gottes!

Die Materie muss beseitigt werden, zumal der arme Rest, der sich auf unsrer Welt den ärgsten Tummelplatz gestaltet hat. Sie ist als ‚Kreuz-Not-Welt' der tiefste Punkt im ‚Nadir des gefallen Kindes'. Deshalb kam der Sühnesohn (Jesus Christus) hierher. Denn wie Sadhana (Luzifer, Satan, Satana) zur vollen Umkehr kommt und zur Heimkehr strebt, so auch der letzte Punkt von ihrem ganzen Abwegfall. Und das ist diese Welt!

Sind wir deshalb von der Welt erkoren, die alleinige Gotteskindschaft zu besitzen? O, die von oben gehören sowieso zum Reich und sind Kinder Gottes von Anfang an (Hiob 2,1). Die einst Gefallenen müssen es erst werden, ob von dieser oder einer andern Welt. Das Empyreum ist Gottes Reich und das Infinitum ist ein Teil davon. Wenn aber so, dann soll mir einer sagen, wo für Gott ein Weniger und ein Mehr im Lichte Seiner Gnade existiert!"

Aus: A.W., Das Ewige Licht

Ewige Verdammnis bezeichnet den Zustand aus freiwilliger Gottesferne

Wir sind alle schon versöhnt mit Gott durch Jesus Christus und somit errettet, auch die (noch) Ungläubigen, denn das Erlösungswerk galt für die gesamte, mit Luzifer gefallene Geisterwelt, zu der auch wir Menschen, wie überhaupt die ganze materielle Schöpfung gehören! Alle Schuld der Menschheit wurde durch Jesus getilgt und gesühnt, weil der Gerechtigkeit Gottes, den Bann der satanischen Wider-Ordnung zu durchbrechen, genüge getan ward, durch das Leben des Menschen Jesus, ohne je eine einzige Sünde zu begehen. So war die Gottheit mit Sich Selbst und Seiner Daseins-Grundordnung versöhnt und stellte nun Ihre Liebe und Barmherzigkeit zu Oberst.

Wer nun umkehrt zur tätigen Liebe in Christus, gemäß Seines Evangeliums (Johannes-Evangelium, d. Vf.), der wird des seligsten Gotteslebens in sich teilhaftig, denn zu dem wird der Vater und der Sohn kommen (die Liebe und die Wahrheit in ihrer Wirkung als der Heilige Geist) und Wohnung bei ihm nehmen.

Wer aber nicht durch den Glauben an Christus nach Seinem Wort getreu lebt und handelt, in dem wird der Heilige Geist nicht wirken und ihm nicht das Licht des Lebens und die Erkenntnis Gottes bringen. Und so verbleibt jener in Unkenntnis über das Leben und getrennt vom Heiligen Geist, was die "ewige Verdammnis", mit allen bitteren Folgen von Gottesferne ist, in welchem Zustand sich der Mensch schon zu Erdenlebzeiten befindet, ohne es jedoch als so schrecklich zu empfinden, weil ihn noch die Außenwelt umgibt, die er durch seinen Körper wahrnimmt. Erst wenn die Seele den Körper durch den leiblichen Tod verliert steht sie im Dunkeln da, ohne Licht, welches nur die Erkenntnis Gottes in Christus der Seele geben kann.

Aber nur so lange, bis sie freiwillig umkehren wird, und dazu hat jeder geschaffene Geist im Jenseits noch hinreichend Gelegenheit ("In meines Vaters Hause sind viele Wohnungen", spricht der

Herr, d. Vf), wenn auch ungleich schwerer als hier in der materiellen Welt, welche dem Menschen viele Möglichkeiten zur Besserung gibt, denn durch das Leben in einem Körper ist eine Seele von Außen zugänglich, während Jenseits in der Geisterwelt sie nur von Innen erreichbar ist!

Und die Liebe und Barmherzigkeit Gottes, des Vaters, hört nicht auf, das verlorene Kind zu rufen (siehe Lk.15). Dem Verlorenen gilt also alle Anstrengung… diesem gilt die gesamte materielle Schöpfung, und deshalb tragen wir den Leib und leben durch diesen in begrenztem Raum und in begrenzter Zeit! Das ist die "Feindschaft" Gottes von der Paulus spricht in Röm.5,10 in der wir leben, und nun aber dennoch versöhnt sind.

> "Jene aber, sofern sie nicht im Unglauben bleiben, werden eingepfropft werden; denn Gott kann sie wieder einpfropfen.“ (Röm.11,23)

> „Ist die Erstlingsgabe vom Teig heilig, so ist auch der ganze Teig heilig; und wenn die Wurzel heilig ist, so sind auch die Zweige heilig.“ (Röm.11,16)

„Darum sieh die Güte und den (Liebe-)Ernst Gottes: den (Liebe-)Ernst gegenüber denen, die gefallen sind, die Güte Gottes aber dir gegenüber, sofern du bei seiner Güte bleibst; sonst wirst du auch abgehauen werden."Röm.11,22

Solange ein Mensch das Blut Jesu Christi nicht trinkt, das heißt: Solange man nicht in der aufopfernden und dienenden Liebe sich befindet und diese lebt, befindet man sich nicht in Gott und hat noch nicht die Wiedergeburt des Geistes erlangt, sondern man ist noch im Zustand der ewigen Verdammnis (= Gottesferne). "Abgehauen" (Röm.11,22) ist hier als Folge der freiwilligen Trennung von der Lebensader Gottes zu verstehen, welche Ader ein Leben in und aus der Liebe ist durch den lebendigen Glauben.

Es ist also kein Akt der Willkür Gottes, sondern ein willentlicher Akt des Geschöpfes, indem es nicht nach der Lebensordnung Gottes handeln und sich somit nicht der aufopfernden, dienenden und erbarmenden Liebe hingeben möchte, die allein ein seliges Leben bedingt und uns mit Gott verbindet.

HH

Der Erlösungsprozess alles Geistigen wird im Jenseits fortgesetzt. Die Verdammnis äußert sich als die Materie

Der Herr:

"Der Erlösungsprozess des Geistigen währt so lange Zeit, wie das Geistige selbst dafür benötigt. Also es kann nicht von gleich langer Dauer gesprochen werden, sondern jede Wesenheit bestimmt sie selbst durch die Härte des Widerstandes, durch ihren Willen, sich erlösen zu lassen. Und darum können Ewigkeiten vergehen, ehe dieser Prozess beendet ist, und es können mehrere Erlösungsperioden vonnöten sein; es kann aber auch eine Epoche genügen zur völligen Erlösung des Geistigen, sowie es selbst willig ist und die Erlösung im letzten Entwicklungsstadium bewusst anstrebt.

Es kann dieses letzte Stadium eher oder später in einer Erlösungsperiode durchlebt werden von dem

Geistigen, denn auch hier ist der Wille des Geistigen im gebundenen Zustand entscheidend, wenngleich dieser Wille nicht frei ist. Das Wesen muss wohl bestimmte Tätigkeiten verrichten, es kann nicht wider die göttliche Ordnung ankämpfen, es kann aber dieser Tätigkeit bereitwillig nachkommen, es kann selbst eine Lockerung seiner Fessel anstreben; und dann benötigt es nicht so lange Zeit für seine Aufwärtsentwicklung im Muss-Zustand und kann desto eher in das letzte Stadium mit Willensfreiheit eintreten, wo es sich endgültig entscheiden muss, ob es in Liebe und aus freiem Willen zu dienen bereit ist oder zurückfällt in den Widerstand gegen Gott.

Darum kann ein Wesen, das im Vorstadium schnell aufwärtsstieg, durch ein ungenütztes Erdenleben als Mensch den Erlösungsprozess selbst verlängern, indem er ihn dann im jenseitigen Reich fortsetzen muss unter erheblich schwereren Bedingungen. Es können wieder im geistigen Reich Ewigkeiten vergehen, bevor es ins Lichtreich eingehen kann; es besteht auch die Möglichkeit, dass es tiefer absinkt und zuletzt wieder den Gang gehen muss durch die Schöpfung, im gebundenen Willen, dass also eine zweite Erlösungsperiode für dieses Wesenhafte nötig ist und auch mehrere, um einmal zum Ziel zu gelangen.

Das im harten Widerstand gegen Gott verharrende Geistige benötigt einen weit größeren Zeitraum für seine Erlösung. Es wird in der harten Materie festgehalten, es braucht schon Ewigkeiten zu seiner Aufwärtsentwicklung im Muss-Zustand, doch auch diese führt einmal zum letzten Stadium als Mensch, wo es die letzte Willensprobe ablegen muss. Auch dann besteht noch die Gefahr eines Stillstandes oder Rückganges, aber auch die Möglichkeit restloser Erlösung. Doch letztere wird zahlenmäßig immer kleiner werden, je weiter eine Erlösungsperiode vorgeschritten ist. Es zeigt sich, dass der Widerstand gegen Gott noch nicht gebrochen ist trotz endlos langer Gefangenschaft zuvor, es zeigt sich dies im geistigen Tiefstand der Menschheit, in ihrem Unglauben und in einem Leben ohne Verbindung mit Gott.

Die Menschen aber, die in dieser Zeit doch ihr

Ziel erreichen, haben starke Kämpfe zu bestehen als Ausgleich für ihren endlos langen Widerstand zuvor, doch auch überaus starke Kraft und Gnade zu erwarten von Seiten Gottes, Der dem Geistigen beisteht in übergroßer Liebe, um es zum Ziel zu führen. Das Wesenhafte aber, das versagt, geht unweigerlich den Gang der Entwicklung noch einmal, ohne dass ihm Gelegenheit gegeben wird, im Jenseits auszureifen, denn es erreicht nicht mehr den Reifegrad, den eine Aufwärtsentwicklung im Jenseits bedingt. Es ist vielmehr in der Gewalt des Satans, also schon so weit abgesunken, dass nur noch das Binden in der festesten Materie - ein nochmaliger Gang durch die Schöpfung im Muss-Zustand - diesem Geistigen helfen kann, die Gottferne zu verringern und somit auch die totale Kraftlosigkeit, die Folge der Gottferne ist.

Und so ist es möglich, dass mehrere Entwicklungsperioden nötig sind, um ein Wesen zum Ziel zu führen, und darum wird auch von ewiger Verdammnis gesprochen, von Hölle und Tod, weil es Zeiträume sind, die nach menschlichem Ermessen Ewigkeiten dauern, die der Verstand des Menschen mit seinem Zeitbegriff nicht fassen kann und die darum auch die erbarmende Liebe Gottes erklären, mit welcher Er auf die Menschen einzuwirken sucht jederzeit und besonders in der Zeit des Endes, um sie vor einem solchen nochmaligen Erdengang zu bewahren, um sie in den Reifezustand zu leiten, der ein Eingehen in das jenseitige Reich ermöglicht, um die Entwicklung dort fortzusetzen.

Denn einmal ist die Zeit abgelaufen, die Gott dem Geistigen zur Erlösung zugebilligt hat, und eine neue Periode beginnt laut Heilsplan von Ewigkeit, der allem Geschehen zugrunde liegt und nur die Erlösung des unfreien Geistigen zum Ziel hat."

B.D., Nr. 3619 vom 04.12.1945, enthalten in Buch 46

Berichtigung eines Irrtums über die ewige Verdammung

Der Herr:

„In Meinem Reich wird unausgesetzt Licht in Empfang genommen und Licht ausgestrahlt. Der Lichtstrom flutet ununterbrochen und beseligt alle Wesen, die lichtempfänglich sind. Ihre ständig sich erhöhende Seligkeit erhöht auch ständig ihre Liebefülle, und so müssen diese Lichtwesen auch ununterbrochen tätig sein, weil die Liebe sie dazu antreibt. Und ihre Tätigkeit besteht im Weiterstrahlen des Lichtes, das sie von Mir empfangen, weil sie die Qual der Finsternis kennen und allen Seelen helfen wollen, dieser zu entfliehen. Sie verbreiten Licht auch in den dunklen Sphären, nur müssen sie dort annahmewillige Seelen finden, die das Licht begehren.

Jede willige Seele empfängt Licht. Ich stelle keine anderen Bedingungen als die, dass die Seele will, dass ihr Licht werde, um sie dann auch reichlich mit Licht zu versorgen direkt oder durch Licht- und Liebeboten, die in Meinem Auftrag tätig sind. Und ob eine Seele weilt in der tiefsten Finsternis, ihrem Verlangen nach Licht wird immer entsprochen, und es bedeutet dies schon Erlösung aus der Finsternis, denn Meine ständige Sorge gilt doch der Befreiung der Seele aus der Tiefe, der Rückführung in Mein Reich, wo Licht und Seligkeit ist.

Glaubt ihr also, dass Ich eine willige Seele unbeachtet in der Tiefe ließe? Glaubt ihr, dass Ich sie schmachten ließe, dass Ich Mich nicht ihrer erbarmte, so sie verlangt, der Finsternis zu entfliehen? Euch Menschen wird gelehrt von "ewiger Verdammnis", und es ist dieses Wort gleich einem Richterspruch eines zürnenden und strafenden Gottes, Der Ich nicht bin! Ich bin ein Gott der Liebe und der Gerechtigkeit. Weil Meine Gerechtigkeit euch bedenken muss eurem Seelenzustand gemäß, der oft so schrecklich ist, dass nur die tiefste Tiefe euer Aufenthalt sein kann, darum tut Meine Liebe alles, um euch vor diesem Los zu bewahren. Und

Meine Liebe holt euch auch aus dieser Finsternis heraus, wenn ihr Mir nur keinen Widerstand leistet. *Der Widerstand (der Seele gegen Gott) ist es, der Mich hindert, dass Meine Liebe sich den Seelen naht, denn Ich zwinge sie nicht zur Seligkeit.* Wo aber der Widerstand nachlässt oder ganz aufgegeben ist, dort kann nun auch Mein Liebestrahl seine Wirkung ausüben, dort kann Licht einströmen in Fülle, und ein qualvoller Zustand wird beendet sein für ewig.

Nun wisst ihr auch, dass Ich keine ewige Verdammung will, dass Ich befreie jede Seele, die nach Befreiung verlangt. Denn dafür starb Ich am Kreuz, dass diese Erlösung, diese Befreiung aus der Gewalt des Satans, stattfinden kann, weil laut göttlicher Gerechtigkeit die Sünde euch in der Tiefe gefesselt halten müsste und ewig es daraus keine Befreiung geben könnte, wenn nicht die Sündenschuld getilgt worden wäre eben durch das Kreuzesopfer, und

➔ dieses Kreuzesopfer wurde für alle gebracht! Kein Wesen ist davon ausgeschlossen, und darum kann es auch aus der Hölle eine

Erlösung geben für die Seele, die ihr entfliehen will...

Und glaubt ihr wohl, dass Mein Gegner von dieser Erlösung ausgeschlossen wäre? Glaubt ihr, dass nicht auch er in den Segen Meines Kreuzesopfers gelangen könnte, wenn dies sein Wille wäre?.... Dass er aber noch immer wütet gegen Mich, dass er alle Mittel anwendet, um Mich euch Menschen zu entfremden, dass er die Menschheit so beeinflusst, dass sie auf einem Geisteszustand angelangt ist, der eine Auflösung der Erd-Schöpfungen erforderlich macht, das ist ein Zeichen, dass sein Wille sich noch nicht gewandelt hat, es ist ein Zeichen, dass er noch in stärkster Gegnerschaft steht zu Mir, dass es ihm nicht daran gelegen ist, zurückzukehren zu Mir. Aber er ist voller Falsch, und was er unternimmt, er tut es immer nur in der Absicht, Seelen zu gewinnen, die er zu verlieren glaubt. Denn wahrlich, seine Willenswandlung würde von Mir unterstützt werden durch ungewöhnliche Liebeanstrahlung, und das Rettungswerk an diesem erst-gefallenen Wesen wäre gelungen. Einmal aber werde

Ich auch ihn gewinnen, weil Meine Liebe kein Wesen auf ewig verdammt."

B.D., Nr. 6420 vom 09.12.1955, enthalten in Buch 68

Sieg Satans ist unmöglich, weil Gott vollkommen ist!

Der Herr:

„Gottes Barmherzigkeit kennt keine Grenzen, Gottes Liebe ist unendlich, Seine Geduld unermesslich, und darum können Seine Geschöpfe nicht ewig verlorengehen, ansonsten Er nicht vollkommen wäre. Es ist darum auch falsch, von ewiger Verdammnis zu sprechen, wenn darunter ein Zeitbegriff zu verstehen ist, der etwas Nie-Endendes bezeichnen soll. Denn eine solche ewige Verdammnis bedeutete dann aber etwas für Gott gänzlich Verlorenes, also Seinem Gegner endgültig abgetretenes Wesenhaftes, das ursprünglich von Gott hervorgegangen und von Seinem Gegner Ihm abgerungen worden ist. Dann aber wäre dieser Gegner größer als Gott, er wäre gewissermaßen der Sieger und Gott an Macht und Kraft überlegen, was jedoch niemals ist und sein kann, denn an Seine Vollkommenheit, an Seine Kraft und Macht und Weisheit reicht kein Wesen heran. Was aus Ihm hervorgegangen ist, bleibt ewiglich in Seinem Besitz, nur zeitweise von Ihm getrennt, d.h. in größter Entfernung stehend, weil es selbst es so will.

Doch auch diese Entfernung ist kein Dauerzustand, weil das Wesen, um selig zu sein, von der Kraftausstrahlung Gottes berührt werden muss, und, so es selbst nicht den Willen dazu hat, von der Liebe und Barmherzigkeit Gottes erfasst wird, die ihm den Seligkeitszustand bereiten will.

Eine ewige Verdammnis wäre daher auch der Liebe und Barmherzigkeit Gottes widersprechend, oder aber diese wären begrenzt, wodurch die Vollkommenheit Gottes Einbuße erlitt Ein höchst vollkommenes Wesen hat keine menschlichen Schwächen, ein ewiger Zorn aber wäre eine niedere menschliche Eigenschaft, wie auch jeder Strafzustand von Ewigkeitsdauer kein göttliches Prinzip genannt werden könnte, denn das Göttliche ist gekennzeichnet durch die Liebe. Die Liebe aber rettet und hilft, sie vergibt und beglückt und wird niemals etwas auf ewig von sich stoßen.

Dem Gegner Gottes dagegen mangelt das göttliche Prinzip, die Liebe, und stets wird sein Ziel sein, das Wesenhafte auf ewig zu sich herabzuziehen. Und er ist es, der den Menschen den Ewigkeitsbegriff verwirrt, der Gott als unbarmherzig und hart hinzustellen sucht, um die Liebe zu Ihm zu ersticken! Er ist es, der selbst kein Erbarmen kennt und der darum ohne Bedenken die Seelen unglückselig zu machen sucht, der ihnen jede Hilfsmöglichkeit nehmen möchte, um sie auf ewig zu verderben.

➔ Und er findet willige Anhänger seiner Lehre von der ewigen Verdammnis, die alle Gott in Seiner unendlichen Liebe nicht erkennen, ansonsten sie dieser Lehre keinen Glauben schenken könnten.

Doch stets wird den Menschen die Wahrheit vermittelt und der Irrtum hell beleuchtet werden, auf dass Gott als vollkommenstes Wesen erkannt und geliebt werde."

B.D., Nr. 4602 vom 30.03.1949, enthalten in Buch 53

Verdammnis, Hölle, Tod bezeichnen gottlose Zustände, aber kein ewiges Los!

Der Herr:

„Ihr kennt die Liebe und Barmherzigkeit Gottes nicht und Seine unaufhörlichen Bemühungen, euch, Seine Geschöpfe, aus der Tiefe zur Höhe zu verhelfen. Nichts will Er in der Tiefe belassen, alles einst Gefallene soll wieder zurückkehren zu Ihm, um in Seiner Nähe unaussprechlich selig sein zu können.

Was von Ihm getrennt ist, was in großer Entfernung von Ihm weilt, das ist unselig und erbarmt Ihn. Und Seine Liebe lockt und ruft, dass dieses Unselige sich Ihm wieder zuwende, von Dem es sich freiwillig abgewendet hatte.

Doch alles geschieht ohne Zwang, es kann nicht zwangsweise eingewirkt werden auf jene Wesen, dass sie zu Gott zurückkehren, es kann nur durch Liebe die Rückkehr zu Ihm erreicht werden, aber dass sie einmal stattfindet, das ist sicher, denn Gottes Liebe gibt nichts auf, was Ihm gehört, was aus Ihm hervorgegangen ist. Weil aber nur die Liebe das gefallene Wesen so beeinflussen kann, dass es freiwillig zurückkehrt, darum muss die Liebeanstrahlung immer wieder das Wesen berühren, so lange, bis es sich öffnet und von der Kraft der Liebe bestimmt wird, sich Gott wieder zu nähern. Und dieser Vorgang findet statt im Erdenleben, wenn der Mensch sich dessen bewusst wird, dass er gelenkt und geführt wird von einer höheren Macht, dass er sich jener Macht nun hingibt und er seiner inneren Stimme folgt, die eine leise Ansprache Gottes ist.

Dann ist sein Widerstand gebrochen und das Wesen auf dem Wege der Rückkehr zu Gott, denn nun zieht es die Liebe Gottes, und Seine Barmherzigkeit hilft auch dem noch Unwürdigen zur Höhe.

➔ Gottes Liebe ist unendlich! Darum kann kein Wesen auf ewig verlorengehen!

Gottes Liebe und Seine Barmherzigkeit verfolgen das in die Tiefe Gesunkene, und darum gibt es auch aus der Hölle eine Erlösung, weil die Liebe Gottes größer ist als die Schuld des Sünders, und weil die Barmherzigkeit die Schwäche des Gefallenen ausgleichen möchte, und darum wird jedes Wesen so lange von Gottes Liebe umworben, bis es sich öffnet und einen Strahl in sich wirken lässt. Dann ist auch der Bann gebrochen, denn die Liebe hat große Kraft.

Darum dürfen die Menschen nicht von einer "ewigen Verdammung" reden, denn eine ewige Verdammung setzt einen strengen, lieblosen Richter voraus, der dem Wesen jede Freiheit nimmt und unbarmherzig sein Urteil fällt.

Gott aber will nicht den Zustand, in dem sich das Unselige befindet, in den es geraten ist aus eigener

Schuld, im freien Willen. Gott will das Unselige daraus erretten, Er will es zur Seligkeit führen, Er will es mit Seiner Liebe anstrahlen, und Seine Barmherzigkeit macht keinen Unterschied der Größe der Sündenschuld. Aber Er zwingt kein Wesen zur Seligkeit, und darum können solche unglückselige Zustände auch Ewigkeiten dauern, denn

➔ sie müssen von dem Wesen *selbst* beendet werden.

Dass alle Hilfe ihnen gewährt wird, könnt ihr Menschen glauben, weil Gottes Liebe unendlich ist und sie auch niemals nachlassen oder sich verringern wird, und ob Seine Geschöpfe noch so lange im Widerstand verharren.

Gott zürnt nicht, sondern es erbarmt Ihn die Unglücksseligkeit jener Geschöpfe, doch Er kann sie nicht in einen Seligkeitszustand versetzen aus Seiner Macht heraus, weil dies weder Seiner Gerechtigkeit noch der Willensfreiheit Seiner Geschöpfe entspräche. Also wird Er nur auf den Willen der Seelen so einzuwirken suchen, dass diese *freiwillig sich Ihm zukehren.*

Dann aber ist auch eine restlose Rückkehr garantiert, denn die Liebe Gottes ist von solcher Gewalt, dass sie alles besiegt, wo nur ihre Wirksamkeit zugelassen wird, - und einmal wird jedes Wesen zu Ihm zurückgekehrt sein, einmal wird auch die Tiefe alles freigeben müssen, weil die Liebe Gottes stärker ist als der Hass und weil auch der Gegner Gottes sich einmal freiwillig Gott wieder zuwenden wird, wenngleich dies noch Ewigkeiten dauert, aber die Liebe Gottes wird ihn besiegen."

B.D., Nr. 6550 vom 19.05.1956, enthalten in Buch 70

Der Weg zur Erlösung bleibt in Ewigkeit für jedes Wesen gangbar

Der Herr:

„Unzertrennlich verbunden ist der Schöpfer des Himmels und der Erde mit allen Seinen Geschöpfen, nichts ist lebensfähig ohne die Zuwendung Seiner Kraft und also muss diese Kraft jeglichem Schöpfungswerk vermittelt werden, um es zu erhalten. So sind alle Wesenheiten in ständigem Verband stehend mit der höchsten Wesenheit und es kann sonach das Wesen nur einen nicht-Gott-gewollten Weg gehen, ohne aber sich gänzlich von seinem Schöpfer und Erzeuger trennen zu können. Es wird immer Dessen Kraftzuwendung in Anspruch nehmen müssen, wenngleich es in Verblendung des Denkens im letzten Stadium seiner Entwicklung sich unabhängig wähnt von jeglicher über ihm stehenden Macht.

Das Nicht-Anerkennen-wollen einer Macht scheidet nicht das Vorhandensein einer solchen aus.

So also das Wesen sich trennen will von seinem Schöpfer, so geschieht dies nur in seinem eigenen Denken, indem es seinen Willen bewusst abwendet vom göttlichen Willen, niemals aber kann es sich durch solches Denken lösen von seinem Schöpfer, denn dies wäre gleichbedeutend mit "Nicht-Sein". Ein Trennen ist sonach unmöglich, und es hat das bewusste Abwenden von Gott nur zur Folge, dass dieses Wesen nicht die Freiwerdung des Geistes erstrebt, sondern das Verharren in unerlöstem Zustand vorzieht, also sich gleichsam zurückversetzt in die gebannte Form, die es schon überwunden hatte, und so die Kluft zwischen dem Schöpfer und sich vergrößert, anstatt sie zu verringern.

➔ Es gibt *kein* Nicht-Sein, nur ein Unerlöst-Sein.

Der Weg zur Erlösung ist für jedes Wesen gangbar, und es wird ihm alle erdenkliche Hilfe gewährt. Nur muss die Vereinigung mit Gott angestrebt werden, nicht aber die Entfernung von Gott. Es zieht Gott die Wesen zu Sich hin in Seiner unendlichen Liebe, sofern sie nur aufschauen zu Ihm. Doch so Er

Widerstand findet im Willen des Menschen und Seine Liebe nicht angenommen wird, hört auch die Gnadenzuwendung auf; jedoch die Kraftzufuhr aus Gott wird ihm nach wie vor gewährt, solange der Erdenweg noch nicht zurückgelegt ist.

Erst im Jenseits wird das Wesen, das Widerstand bot, den Mangel göttlicher Kraft zu spüren bekommen, es ist dann gewissermaßen sich selbst überlassen. Es hat auch dann noch die Möglichkeit, die Kluft zu überbrücken, jedoch liegt auch die Gefahr nahe, in endlose Tiefen hinabzustürzen, so die Verstocktheit so groß ist, dass es auch dann noch jede Hilfe abweist. Und dann ist der Weg nach unten eingeschlagen worden, der wieder in der Gefangenschaft endet, dass das Wesen wieder der festen Form einverleibt wird und den Gang seiner Höherentwicklung durchmachen muss wieder Ewigkeiten hindurch, bis endlich die Trennung des Geschöpfes vom ewigen Schöpfer überwunden ist."

B.D., Nr. 1137 vom 15.10.1939, enthalten in Buch 20

Der Unterschied zwischen der Seligkeit und der Verdammnis

Der Herr:

aus Seiner Kundgabe zum Thema „Spuk und Besessensein“

„...denn da gibt es Trugkünste in zahlloser Menge, welche darauf berechnet sind, solch eine Seele stets näher und näher dem eigentlichen Wesen des Satans zu bringen, auf dass sie da mit ihm ein kongruierender Teil werde, was aber nimmer geschehen kann, da eine jede Seele schon einen eigenen Geist in sich enthält und seiner nicht loswerden kann, – welcher Geist das Entgegengesetzte des Satansgeistes ist.

Will sich so eine Seele dem Satan nähern, dann tritt ein solcher Geist in ihr selbst als Richter, Rächer und Strafer auf und peinigt die Seele als ein unauslöschliches Feuer von innen aus, durch welche Pein die Seele von dem Satan wieder – soweit es nur möglich – entfernt wird, wo sie dann wieder zu einer Art Besserung übergeht. Will sie dieser Besserung folgen, so wird es ihr auch leichter und leichter, je mehr sie sich der Reinheit ihres in ihr wohnenden Geistes nähert.

Und wenn diese Besserung stets fortschreitet, so kann sie auch zur Seligkeit gelangen, wenn sie wird wie ihr Geist. Denn das ist der Unterschied zwischen der Seligkeit und zwischen der Verdammnis:

➔ In der Seligkeit geht die Seele ganz in den Geist über, und der Geist ist dann das eigentliche Wesen; in der Verdammnis aber will die Seele den Geist ausstoßen und einen anderen, nämlich den des Satans, annehmen.

In diesem Falle wird sie das Unähnlichste dem Geiste, daher der Geist in ihr die vollkommen entgegengesetzteste Polarität ist. Als solche übt er dann jene Gegenkraft aus, welche von dem Satan fortwährend allergewaltigst abstößt; je näher eine Seele dem Wesen des Satans kommt, desto heftiger ist die

Reaktion des Geistes in ihr gegen den Satansgeist. Diese Reaktion aber ist für die Seele die allerschmerzlichste Empfindung, und daher datiert sich auch das Leiden und die Pein der Hölle, wie sich auch eben diese Reaktion als das unauslöschliche Feuer in der Erscheinlichkeit kundgibt. Und das ist eben auch der Wurm in der Seele, der nicht stirbt, und dessen Feuer nicht erlischt; und es ist dann ein und dasselbe Feuer, welches im Engel die höchste Seligkeit und im Teufel die höchste Unglücksseligkeit gebiert.“

J.L.,Erde und Mond, Kap.58, 10-12

Gott will geliebt, aber nicht gefürchtet werden

Der Herr:

"Ich will nicht als rächender, strafender Gott von euch angesehen werden, der erbarmungslos verdammt und mit härtesten Strafen belegt, die ihm zuwiderhandeln. Ich will nicht als strenger Richter euch zur Furcht veranlassen, denn Ich will nur Liebe von euch. Ich will eure Liebe gewinnen, und darum sollt ihr auch Mich in Meinem Wesen erkennen und keinen Glauben schenken denen, die von Mir ein ganz falsches Bild geben, das niemals geeignet ist, Liebe zu erwecken zu eurem Gott und Schöpfer, Der auch euer Vater ist und als Vater erkannt werden will.

Es ist jede Lehre irrig, die Mich als einen Rachegott und ewig zürnenden Richter hinstellt, denn es werden solche Irrlehren immer nur die Entfernung zwischen euch und Mir vergrößern, denn

➔ *solange die Liebe zu Mir nicht in euch ist, gibt es auch keine Annäherung an Mich.*

Meine Ursubstanz ist Liebe, und aus dieser Liebe seid ihr hervorgegangen. Es bleibt aber auch die Liebe unwandelbar, und sie verlangt ständig nach Gegenliebe. Sie kann sich nicht verändern und auch nicht vergehen, und darum wird euch auch Meine Liebe gelten bis in alle Ewigkeit. Und sie wird euch auch folgen in die tiefsten Tiefen, um euch auch wieder daraus zu befreien, niemals aber werde Ich euch in diese Tiefe stürzen, niemals werde Ich ewig verdammen, was aus Mir hervorgegangen ist, selbst wenn es sich Mir widersetzt und Meine Liebe zurückweist. Aber die Liebe wird alles tun, um euch, Meine Geschöpfe, zu veranlassen, Mir wieder nahezukommen. Meine Liebe wird um eure Liebe werben, bis ihr selbst euch einmal in heißer Liebe Mir zuwendet und den Zusammenschluss mit Mir sucht. Dann wird auch unbegrenzte Seligkeit euer Los sein, wie es war im Anbeginn, als ihr euch noch nicht gegen Meine Liebe-Anstrahlung wehrtet.

Euch Menschen auf der Erde ist Mein Wesen

falsch dargestellt worden, und im besten Falle fürchtet ihr Mich, wenn ihr Mich als eine Macht anerkennt, Die alles erstehen ließ. Aber ihr wagt euch nicht, wie Kinder zu Mir zu kommen und Mich um etwas zu bitten, weil ihr nicht um Meine übergroße Liebe wisst, die sich verschenken will, jedoch dazu euer freiwilliges Entgegenkommen fordert.

Ich aber will nicht nur als ein Gott der Macht erkannt werden, sondern als ein Gott der Liebe, und darum offenbare Ich Mich ständig den Menschen, die unzählige Male im Erdenleben durch Not oder leidvolle Geschehen hindurchgehen und immer wieder ihnen herausgeholfen wird. Und sie könnten Mich dann auch als einen liebenden Gott erkennen, Der um alles weiß und immer wieder zur Hilfe bereit ist, denn Ich trete einem jeden Menschen im Erdenleben nahe, und so er nur aufmerkt, wird er eine höhere Fügung erkennen können in seinem Erdenlauf, in seinem Schicksal, in allen Erlebnissen, die ihm begegnen.

Aber Ich offenbare Mich auch den Menschen durch das Wort, Ich spreche sie an und gebe ihnen auch damit ein Zeichen Meiner großen Liebe, indem Ich sie ermahne und warne, indem Ich ihnen Rat und Trost spende, indem Ich ihnen ganz verständlich ihren Erdenlebenszweck erkläre und ihnen Kraft und Hilfe verheiße für ihren Erdengang, dass er zum Ziel führen möge, zur Vereinigung mit Mir. Denn der Vater sehnt Sich nach Seinen Kindern, aus Dessen Liebe sie hervorgegangen sind; und die Liebe wird niemals ihre Kinder aufgeben.

Solange aber der Mensch die Liebe Gottes nicht erkennt, weil er durch falsche Lehren Gott nur fürchten gelernt hat, so lange wird auch das Kind nicht das rechte Verhältnis herstellen zum Vater, und es wird die Rückkehr zu Mir gefährdet sein; und

➔ ihr könnt jede Lehre zurückweisen als Irrtum, die euch Furcht einflößt vor eurem Gott und Schöpfer,

denn Ich habe Erbarmen mit dem größten Sünder und suche ihm zu helfen, nicht aber, dass Ich Selbst einen Qualzustand verschärfe, den er selbst über sich heraufbeschworen hat.

Ich verdamme nicht, sondern hebe alles Gefallene

zur Höhe. Ich strafe nicht, sondern das Wesen straft sich durch seine Sündenschuld selbst, und Ich suche ihm Erlösung zu bringen. Und was ihr als Strafgericht anseht, ist nur ein gerechter Ausgleich und ein Hilfsakt Meinerseits, weil gesetzmäßig sich jeglicher Verstoß gegen Meine Ordnung von Ewigkeit auswirken muss und Ich dann immer nur allem in Unordnung Geratenen zur Ordnung verhelfe, weil dies Meine Liebe und Weisheit als segensvoll erkennt, denn Ich will Mich verschenken und kann das wieder nur im Rahmen Meiner ewigen Ordnung.

Was ihr Menschen als leidvoll anseht, dient nur immer dazu, dass ihr euch in Mein Gesetz ewiger Ordnung einmal wieder eingliedert, auf dass Ich euch dann auch wieder beschenken kann, auf dass Ich euch mit Meiner endlosen Liebe beglücken kann, wie es war im Anbeginn."

B.D., Nr. 8348 vom 05.12.1962, enthalten in Buch 88

Vom Wesen der Hölle und himmlischer Gelassenheit – Gott sucht immer das Verlorene zu retten

Eine Jenseits-Szene. Wie ein Höllengeist beschaffen ist und wie Gott mit ihnen verfährt

Der Herr berichtet:

»Spricht Helena: „O heiligster Vater, so sage mir denn, was hat es mit der Hölle, von der auf der Erde von den Geistlichen bei weitem mehr als von den Himmeln gepredigt wird, für eine Bewandtnis? Wer kommt eigentlich in die Hölle? Gibt es eine oder gibt es keine? Denn sieh, Du liebster Herr und Gott Jesus: Ich war auf der Welt doch gewiss schlecht genug, ein rechtes Wiener Früchtl, wie man nur eines suchen kann. Der Papst samt allen Geistlichen hätten mich ohne Gnade und Barmherzigkeit in die Hölle verdammt. Und trotz aller meiner Schlechtigkeit bin ich nun doch seligst bei Dir! Und so dürften noch so manche hier in Deiner heiligsten Gesellschaft sich des ewigen Lebens freuen, von denen auf der Erde so mancher Erzpapist sagen würde: ‚Nein, diese Kerls sind sogar für die Hölle zu schlecht!‘ Und siehe, sie sind hier in Deinem Heiligtum und loben in ihrem Herzen Deine unendliche Güte, Weisheit, Macht und Stärke! Wie schlecht müssen sonach jene sein, die da in die Hölle kommen, so es überhaupt eine gibt!“

Rede Ich (Jesus): „Meine liebste Helena, deine Frage ist nicht ohne Interesse, und die Beantwortung wird nicht ohne Nutzen sein. Aber anstatt dir darüber ein Langes und Breites zu erzählen, werde Ich dir ein höllisches Individuum vorführen lassen, das nun gerade auf dem Sprung ist, in die Hölle zu kommen und auch sicher in die unterste, ärgste Hölle kommen wird. An diesem argen Wesen wirst du am einleuchtendsten ersehen, wer so ganz eigentlich in die Hölle kommt. Denn es gibt eine Hölle, die in drei Grade geschieden ist, der unterste ist der allerschlimmste. Und du wirst Mich dann loben, so du ersehen wirst, wer, wie und warum einer in die

Hölle kommt. Fürchte dich aber nicht, der Arge wird sogleich da sein!“

Ich berufe darauf Petrus und Paulus zu Mir und sage: „Geht hin und bringt Mir den Cado, der vor vierzehn Erdtagen in diese Welt kam! Es ist fürs erste sein Wunsch. Fürs zweite geschehe es, damit diesen neuen Brüdern auch der leiseste Schimmer der Meinung benommen werde, als stecke da hinter Mir trotz all Meiner Liebe etwas despotisch Tyrannisches. Also geht hin und bringt ihn!“

Die beiden verschwinden plötzlich und sind im Augenblick bei dem berüchtigten Cado. Als sie sich so plötzlich bei ihm befinden, prallt er förmlich zurück und schreit: „Alle Teufel! Was sind denn das für zwei Bestien mit Menschenlarven? O du verfluchtes Bestienvolk, das wird mich noch an den Bettelstab bringen!“

Spricht Paulus: „Freund, wir kommen nicht, um von dir irgendein Almosen zu erbetteln. Dergleichen bedürfen wir nicht, da uns ohnehin alle Schätze der Himmel und der Erde zu Gebote stehen. Aber etwas anderes haben wir mit dir vor, was dir viel heilsamer wäre als alle Schätze der Erde. Und das besteht darin, dich, so noch möglich, vor dem ewigen Tode in der Hölle zu retten. Denn du warst auf der Erde ein vollendeter Teufel in Menschengestalt und sonach ein schon ganz höllisches Wesen. Nun stehst du in der Geisterwelt auf dem Sprung zur untersten Hölle, ja bist eigentlich deinem Inneren nach schon lange in ihr. So du es aber noch willst, haben wir die Macht, dich davor zu retten. Aber du musst uns folgen und alles das willig tun, was wir dir anraten werden."

Spricht Cado: „Was!? Was faselt ihr zwei Hauptspitzbuben da! Bin ich denn je gestorben? Bin ich etwa nicht mehr auf der Erde im Besitze aller meiner Güter, meines Goldes und Silbers? O ihr Canaillen! Auf welch eine feine Art ihr mir einige Goldstücke herauslocken möchtet für einen Himmel, den es nirgends gibt, und mich erretten von einer Hölle, die nichts ist als eine Erfindung arbeitsscheuer Pfaffen! Seht, dass ihr weiterkommt, sonst rufe ich alle meine Hausteufel zusammen und lasse euch mit Hunden hinaus hetzen! Da schaue man einmal solche Lumpen an! Von der Hölle retten und den Himmel verschaffen könnten sie einem ums Geld! Schaut, dass ihr weiterkommt, sonst werde ich euch sogleich Himmel und Hölle austreiben!“

Spricht Paulus: „Freund, solche Rede ficht uns nicht an, und wir haben auch keine Furcht vor dir. Aber das sei dir gesagt: so du uns nicht gutwillig folgst, wirst du unsere Gewalt zum Verkosten bekommen! Denn für das ist schon gesorgt, dass dir auf dein Rufen keine Teufel zu Hilfe kommen. Wir wissen übrigens sehr wohl, wie du auf der Erde zu deinem Reichtum gekommen bist. Da waren wohl eine Menge hungriger Teufel in deinen Diensten, und ein Heer großer, reißender Hunde umlagerte dein Schloß, fiel Reisende an und hielt sie fest, bis deine Hausteufel kamen und sie um ein bedeutendes Lösegeld von den Bestien befreiten. Wohl bist du öfter verklagt worden; aber die Kläger richteten nichts aus, weil die Richter in deinem Solde standen. Wir könnten dir von deinen Räubereien vieles erzählen, aber am rechten Ort wirst du deine unmenschlichsten Greueltaten alle vor dir erschauen. Und es wird sich da zeigen, ob du vor ihnen Abscheu und eine wahre Reue bekommen wirst. Wirst du das, so bist du noch zu retten, wenn aber nicht, ist die unterste Hölle dein Anteil! Und nun komme mit uns gutwillig, sonst werden wir Gewalt brauchen!“

Schreit Cado: „Ihr Hunde wollt mir Gewalt antun? Alle Teufel herbei!! Wir wollen sehen, wie weit ihr mit eurer Gewalt ausreichen werdet!“ Er harrt eine Weile unter grässlichem Zähneknirschen auf seine Hausteufel, aber es kommt niemand und kein Gebell irgendeines Hundes lässt sich vernehmen. Auch sein Schloß, das er bisher noch immer wie auf der Welt als sein vermeintliches Eigentum vor sich sah, fängt an ganz nebelig zu verrinnen gleich einer Eisblume auf einer Glasscheibe, die von erwärmter Luft bestrichen wird.

Als Cado solches nun zu merken beginnt, schreit er auf: „Verrat, Verrat! Ihr elenden Hunde, ihr habt mir etwas angetan! Weicht von mir, ihr Hunde!! Bei allen Teufeln, ich will euch nicht folgen! Ihr seid ein paar Zauberer, ihr habt meine Sinne verhext!

Hinweg von mir, ihr Höllenhunde!!"

Bei diesen letzten Ausrufen aber befindet sich Cado schon vor Mir und der Helena wie auch vor all den anderen Gästen, ohne aber außer Petrus und Paulus irgendwen von uns zu sehen. Helena erschrickt vor ihm, da er vor Zorn förmlich glüht und dampft, aber Ich stärke sie, dass sie ihn ruhiger betrachten kann. – Ich gebe nun Petrus einen Wink, mit Cado einen Bekehrungsversuch zu machen und ihn auf Augenblicke paradiesische Gegenden schauen zu lassen.

Petrus beginnt sogleich äußerst weise und sanfte Worte an Cado zu richten und sagt: „Freund Cado, sei vernünftig! Sieh, die Erfahrung muss dich ja belehrt haben, dass auf der Erde alle Güter eitel und bald vergänglich sind, und dass am Ende der Reichste wie der Ärmste das gleiche Los des Sterbens miteinander teilen. Alles Fleisch muss sterben, alle Materie vergehen, nur der inwendige Geist bleibt unverwüstbar! Sieh, du bist dem Leibe nach gestorben und lebst jetzt nur in deiner mit Geist erfüllten Seele unverwüstbar fort. Hänge daher nicht mehr an dem, was für ewig vergangen ist. Bekenne aber deine großen Weltschulden, und wir wollen für dich Zahler sein und dich dann aufnehmen in unsere wahre und für ewig beständige Welt, in der es dir nimmer an irgend etwas gebrechen soll. Da siehe hin gen Morgen! Jene herrlichen Ländereien und Paläste sind unser, und du sollst sie haben! Aber deine Schulden musst du uns bekennen, auf dass wir sie auf uns nehmen können!“

Cado sieht flüchtig hin und beschaut die herrlichen Ländereien: Nach einer Weile sagt er höhnisch: „Wisset, Mäuse und Ratten fängt man am leichtesten mit einem Köder. Manche Narren zahlen doppeltes Eintrittsgeld ins Theater, so ihnen ein Zauberkünstler Nebelbilder zeigt. Aber so ein dummer Hecht bin ich nicht, dass ich sogleich in die Angel bisse! Glaubst du, dummer Tagedieb, ich werde deinem Blendwerk Beifall zollen? Ich weiß es, was und wer du bist, und kenne auch mich sehr genau. Außer dem Leibe bin ich um so freier und werde tun, was mich freut. Aber ein dummer Jude wird mir nie ein Wegweiser sein! Verstehst du dieses, dümmster

Esel? Was fragst du denn nach meinen Schulden auf der Erde? Bist du so mächtig und all-weise, wirst du ja doch schon lange erfahren haben, worin sie bestehen! Berichtige sie dann auch, wenn du schon so eine Lust zum Schuldenzahlen für andere hast! – Was gehen dich überhaupt meine Verbrechen an? Habe ich dich denn um deine je gefragt? Schaut, dass ihr bald weiterkommt, sonst werdet ihr an mir den rechten Teufel finden! Habe ich euch etwa angerufen gleich einer alten Betfrau? Nein, das tut ein Cado, der Schrecken der Wüste Armeniens, nimmer! Cado ist ein Herr, und die Erde bebt vor seinem Namen! Aber euer Jehova ist ein Bettler und ein Hauptpfuscher in allen Dingen! Glaubst du, ein Cado kennt etwa den Jehova nicht und seine ans Kreuz gehängte Jesus-Pfuscherei? Oh, ein Cado kennt alles, sogar seine ganze Lehre kennt er besser als du, der du sein Fels hättest sein sollen für alle Zeiten. Aber der Fels ist anstatt aus fester Steinmasse aus Schafbutter angefertigt worden und daher auch zerronnen. Und so ist von diesem Felsen auch nichts anderes übriggeblieben als dessen nichtssagender Name und eine Menge hölzerner Statuen, Bilder und falscher Reliquien! Du bist der Peter und dein Begleiter ist der etwas gescheitere Paul oder Saul (der letzte Name dürfte der richtige sein!). Sagt mir lieber, was es denn mit eurem Meister in dieser Geisterwelt für eine Bewandtnis hat! Richtet er noch fleißig die Toten und die Lebendigen? Ist er auch so dumm wie ihr beide?“

Spricht Petrus: „Der hat uns eben an dich abgesandt, dass wir dich vor dem ewigen Untergang erretten sollen!“ – Spricht Cado: „Warum ist er nicht lieber selbst gekommen? Er hat sich vielleicht bei den Gerichten verkühlt und hat darauf einen Schnupfen bekommen und wird jetzt nicht ausgehen können? Daher hat er euch wahrscheinlich an mich abgesandt, auf dass ihr mich erwärmen sollt durch euren starken Atem! Aber Cado ist kein Schaf, wie es der zu Bethlehem geborene Messias der Juden war, darum ihm denn auch seine Landsleute am Kreuze ihre Ehre bezeugt haben. O ihr dummen Schöpse! Meint ihr denn, dass ein Cado sich auch bei der Nase herumziehen lässt wie irgendein hungriger Jude? O weit geirrt, meine lieben Schafe Gottes! Cado ist ein Löwe und nimmer ein Gottesschaft! Versteht ihr das? – So ihr zu eurem Meister kommt, richtet ihm einen schönen Gruß aus von mir und sagt ihm, dass es mir sehr leid tut, dass er auf der Erde kein Cado, sondern ein ganz gewöhnliches Schaf war!“

Spricht Petrus: „Freund, auf diesem Wege wirst du nicht weiter kommen. Dein Weg führt zur Hölle und zur ewigen Qual aus dir selbst, denn du bist verdorben bis in die innerste Faser deines Lebens! Damit du aber weißt, wer nun Jesus der Gekreuzigte ist, war und ewig sein wird, so sage ich dir als einer Seiner getreuesten Zeugen: Er ist Gott, der Einige und Alleinige, der Ewige, ein Herr und Meister, heilig in der ewigen Unendlichkeit! Er allein kann dich erhalten, aber auch fallen lassen für ewig. – Sieh noch einmal gen Morgen hin den Himmel offen, aber siehe auch gen Mitternacht der Hölle Rachen weit aufgetan: Wohin willst du ziehen? *Kein Gott wird dich richten und kein Engel* und wir beide auch nicht. *Aber dein Wille sei dein Richter!*“

Spricht Cado: „Also dort der sogenannte Himmel und da gegen Mitternacht die romantische Hölle! So, so, das ist sehr schön. Was kostet denn dieses von euch her gezauberte Spektakel? Ihr seid ja ein paar Magier höchster Art! Sagt mir, ist die Hölle nach alt jüdischer Art oder römisch-katholisch, griechisch, türkisch oder indisch? Der Himmel ist wohl persisch?"

Spricht Petrus: „Cado, Cado! Du bist ein frecher Geist und treibst schnöden Unfug mit der unendlichen Güte und Erbarmung Gottes! Sieh, wir sind dir wohlwollend gut und bereit, dir jeden nach der Ordnung Gottes ersprießlichen Dienst zu leisten. Wir haben dich noch mit keinem harten Wort beleidigt, außer dass wir dir zeigten, wie es der Urgerechtigkeit Gottes gegenüber mit dir steht. Und du bist wie ein wütender Tiger gegen uns entbrannt! Warum denn das, Freund? Sei doch gegen uns in deiner Ohnmacht so, wie wir im Besitze aller Macht aus Gott gegen dich sind. Wir werden uns dann leichter verständigen als bisher. Glaube mir, der ich dich durch und durch kenne, dass es mit dir wahrlich äußerst schlecht steht aus der bösesten Liebe deines Herzens! Du kannst dir ewig nimmer helfen. Aber so du vor uns deine Missetaten bekennst und dein Herz vor uns auftust, setzt du uns dadurch instand, dass wir dein Herz ausfegen können. Verschließt du es aber stets mehr vor uns, so wird dein arger Unflat im Herzen erstarren und es wird nimmer möglich sein, dich zu erretten vor dem ewigen Tode! Cado, bedenke doch diese heilsamsten und freundlichsten Worte!“

Spricht Cado: „Ich bitte euch, erspart euch jede Mühe und ärgert mich nicht vergeblich! Habt ihr denn nie gehört, dass jene, die schon von Kindheit an gewohnt sind zu herrschen, nimmer gehorchen können und wollen? Ihr könnt von mir nur im Wege meiner Gnade und Großmut etwas erreichen, aber auf dem Wege eures Rates ewig nichts! Ein rechter König darf sich niemals raten lassen, so er sein gebieterisches Ansehen behaupten will. Er muss allezeit herrschen!“

Spricht darauf abermals Petrus: „Aber du warst doch dein ganzes irdisches Leben hindurch kein

König! Wie kannst du da sagen, dass du schon von der Wiege an zum Herrschen geboren gewesen wärst? Du warst nichts als ein Beduinenhäuptling, und das nur in den letzten Jahren deines Lebens. Früher warst du ein Schafhirte und daneben ein Helfershelfer deiner löblichen Vorgänger. Erst durch die schmähliche Heirat mit der ältesten Beduinenhäuptlingstochter bist du zum Häuptling erhoben worden. Du hast somit auf der Erde lange blindlings gehorchen müssen und hast erst in den letzten Jahren eine schnöde Herrschaft über dein lumpigstes Räubergesindel und deine Bluthunde ausgeübt. Und so meine ich, dass dir das Herrschen eben nicht in dem Grade angeboren sein möchte, wie du es uns gesagt hast!"

Spricht Cado: „Das ist gleich! Was ich nicht will, das will ich durchaus nicht! Ihr möget selbst Götter sein, so werdet ihr mich doch so lange nicht auf eine andere Idee bringen, bis ihr mir ein anderes Herz und einen andern Willen einhauchen werdet. Glaubt ihr denn, dass ich die Hölle fürchte? Oh, da irrt ihr euch sehr! Einem allmächtigen Gott gehorchen kann jeder feige Esel; aber Gott den hartnäckigsten Trotz bieten und alle seine Weisheit zuschanden machen, das kann nur ein starker Geist, der auch vor der ärgsten Hölle keine Furcht kennt. Werft mich in kochendes Erz, und ich werde euch im höchsten Brandschmerze dieselbe Antwort erteilen. Denn groß ist der Geist, der seinen Schöpfer auch unter den größten Schmerzen verachten kann! – Welchen Dank soll ich dem Schöpfer auch schuldig sein? Ich bin nur dann gegen jemanden zu Dank verpflichtet, so er mir das tat, um was ich ihn ersucht habe. Den Schöpfer aber habe ich sicher nie ersucht, dass er mich hätte erschaffen sollen. Er hat es eigenmächtig getan! Es ist dann Schande genug für seine angepriesene höchste Weisheit und Macht, dass er an mir eine barste Pfuscherei von einer Schöpfung zuwege gebracht hat. Oder vielleicht muss ich wegen der Erhaltung des Ganzen gerade so sein, wie ich bin? Ihr werdet daher weder auf die eine noch auf eine andere Art mit mir etwas ausrichten. Seht daher, dass ihr weiterkommt!“

Hier wird Cado ganz schwarz und seine Gestalt

entsetzlich hässlich, so dass Helena sich sehr zu fürchten anfängt. Seine Augen werden glühend wie die eines wütenden Hundes und er macht Miene, die beiden Apostel anzufallen. Aber Petrus sagt zu ihm: „Im Namen Jesu gebiete ich dir, dass du dich vor uns ruhig verhältst, sonst sollst du die Schärfe des Gotteszornes zum Verkosten bekommen, sobald du wagst, nur einen Finger gegen uns zu heben!"

Cado bebt nun vor Wut und wird in seinem Innersten ganz glühend, äußerlich aber aller Kleidung bar. So steht er hässlichsten Anblicks vor uns, ohne jedoch unser ansichtig werden zu können.

Ich frage nun Helena: „Nun, geliebte Tochter, was sagst du zu dieser Seele? Findest du, dass von Meiner Seite auch nur im geringsten etwas unterlassen worden sei, das für ihre Rettung zu tun wäre? Du sagst in deinem edlen Herzen ein Nein! Und so ist es auch. Es ist bei diesem Geiste alles aufgeboten worden, was nur immer als ein Meiner Liebe entsprechendes sanftes Mittel gedacht werden kann, aber ohne den geringsten Erfolg. Dieser Geist wurde sozusagen auf den Händen getragen. Starke Engel wurden zu seiner Bewahrung beordert. Aber sein Wille, der frei bleiben muss, war stets mächtiger als Meine Liebefesseln. Er zerriss sie alle und spottete ihrer allzeit grässlich. Es fehlte ihm nicht an der Erkenntnis: er kennt jeden Buchstaben der Schrift und hatte sogar das Vermögen, mit der gesamten Geisterwelt zu verkehren. Er kennt Mich und Meine Göttlichkeit und kann doch Meiner spotten. Für ihn ist jeder Herrscherstuhl ein Fluch, so er ihn nicht sein eigen nennen kann. Ein Gräuel ist für ihn jedes Gesetz, das nicht er gegeben. Er kennt nur seinen Willen, und der Wille eines andern ist für ihn ein Verbrechen. Sage Mir, was kann da Meine Liebe noch ausrichten bei solch einem Wesen?“

Spricht Helena: „Ach du großer, lieber, heiliger Vater! Solch ein Wesen verdient eine fernere Gnade nimmer von Dir; wohl aber so lange eine gerechte Züchtigung, bis es in aller Demut zu Kreuze kriechen wird.“

Rede Ich: „Wäre alles recht, so die Züchtigung von Mir ausgehend nicht auch schon ein Gericht wäre! So Ich die Menschen ihrer großen Bosheit wegen züchtige, muss die Züchtigung ja so gestellt sein, dass sie als eine natürliche Folge der Böswilligkeit erscheint. Gleichwie sich jemand selbst einen Schlag versetzt und der darauf folgende Schmerz als eine notwendige und ganz natürliche Folge seines Tuns sich darstellen muss Und so muss jede von Mir ausgehende Züchtigung beschaffen sein, wenn durch sie die Freiheit des Geistes und der Seele nicht untergraben werden soll. So darf auch bei diesem arg-bösen Geiste keine andere Züchtigung angewendet werden, als die er sich selbst aus seinem höchst eigenen bösen Willen, der Ausgeburt seiner Liebe, geben wird. Wenn er dann aus solch eigener Schöpfung den Schmerz satt bekommen und sich gewisserart selbst ersticken wird in seiner Wut, dann erst wird es wieder möglich sein, sich ihm auf einem gelinderen Wege zu nahen. Er kommt somit nach und nach in die unterste und aller ärgste Hölle – aber nicht etwa von Mir dahin verdammt,

➔ *sondern durch sein eigenes Wollen. Denn er schafft sich diese Hölle selbst aus seiner Liebe! Was aber jemandes Liebe ist, das ist auch sein Leben, und dieses darf ihm nimmer genommen werden!*“

Spricht Helena: „Aber Herr, Du allein wahrste und vollkommenste Liebe und Erbarmung! So er dann in solcher bösesten Liebe verharrt und Dir zum Trotze lieber ewig das Ärgste erleidet, als seinen starren Willen zu beugen unter Deinen sanftesten – was dann mit solch einem Geiste? Wäre denn bei solch ganz argen Geistern nicht ein glimpfliches Gericht in nützliche Anwendung zu bringen? Der Geist würde sich mit der Zeit vielleicht daran gewöhnen und am Ende daraus eine Tugend machen, wie es zu Zeiten auch auf der Welt der Fall war. Zum Beispiel: eine Dirne findet Versorgung in einem eingezogenen Hause mit der Weisung, sich von nun an so zu betragen, als wäre sie in einem strengen Kloster. Das ist für eine rechte Nachtwandlerin sicher ein kleines Gericht. Sie überlegt sich die Sache wohl eine Weile. Aber da der Vorteil eines guten, geregelten Lebens doch sehr anspricht, lässt sie sich gerne das Gericht gefallen, gewöhnt sich endlich an die Ordnung, wird darauf eine ganz züchtige Person und bleibt und stirbt dann auch als solche! Und so meine ich denn, dass so etwas vielleicht bei Cado auch der Fall sein könnte.“

Rede Ich: „Ja, Meine geliebte Helena, das ist bei diesem Geiste schon auf allerlei Art und Weise angewendet worden, leider aber allzeit ohne den geringsten Erfolg. So bleibt uns nun nichts mehr übrig, als ihn sich selbst zu überlassen. Will er durchaus die Hölle, so genieße er sie denn in aller Fülle. Dem, der etwas Böses selbst will, geschieht auch für ewig kein Unrecht. Wer in der Hölle verharren will, der verharre! Ich werde keinen bei den Haaren herausziehen wider seinen Willen. So ihm die Geschichte dann doch einmal zu derb wird, wird er sich schon von selbst einen Weg daraus bahnen. Macht ihm aber die Hölle Freude und ist ihm die ewige Nacht lieber als das alles beseligende Licht, so wähle er das, was ihm Freude macht! Bist du damit einverstanden?“

Spricht Helena: „Herr, du bester Vater! Jetzt vollkommen! Habe auch gar kein Mitleid mehr mit solch einem dümmsten Esel. Aber was wird mit diesem Teufel jetzt geschehen?“ – Rede Ich: „Das wirst du gleich sehen. Ich werde nun den beiden Aposteln einen Wink geben, ihn völlig freizulassen und ihn – aber nur in seiner Sphäre – tun zu lassen, was er will. Du wirst dann schon sehen, was es da mit diesem Geiste für einen weiteren Fortgang nehmen wird.“

Ich gebe nun den beiden den vorbezeichneten Wink. Und Petrus sagt zu Cado: „Da wir beide uns zur Genüge überzeugt haben, dass du dich durch uns nicht für die Himmel Gottes vorbereiten lassen willst, so gehe von hinnen und tue, was dir Freude macht! Denn das will auch dein Gott und unser Gott Jesus Jehova Zebaoth! Von nun an wird Gott keine Boten mehr an dich absenden. Wir beide waren die letzten!“ – Nach diesen Worten werden die beiden für ihn unsichtbar, während er selbst allen Anwesenden wohl sichtbar wie auch mit jeglichem Gedanken und Worte vernehmbar bleibt.

Als Cado sich nun allein befindet, sagt er bei sich: „Dank der Hölle, dass ich diese beiden Luder endlich losgeworden bin! Ha, da sehe ich ja

Bekannte, mehrere meiner Gesellen, ja sogar meinen einstigen Häuptling! Das wird ein Jubel sein, so wir zusammenkommen und uns leicht wiedererkennen! Sehen doch noch alle wie auf der dummen Welt aus!“

Die Schar nähert sich ihm stets mehr und mehr, und sein vormaliger Häuptling stürzt mit großer Hast auf ihn los, packt ihn an der Kehle und schreit fürchterlich: „Ha! Schurke! Elender Hund! Bist du endlich hier, damit ich dir's zahle, dass du dir durch ein schändliches Mittel meine Königstochter zum Weib verschafft hast! Warte, du elender Schurke, diese Schmach sollst du mir nun in einem Schwitzbade büßen, dass dir darob Hören und Sehen vergehen wird! Unbeschreibliche Schmerzen sind mir hier zugefügt worden durch Flammen und Glut. Aber keiner ärger als der, dass ich hier am Orte der Qualen und Schrecken erfahren musste, dass ein gemeinster Hund meine erhabene Königstochter sich zum Weibe gemacht hat. Aber dafür sollst du Hund auf eine Art gezüchtigt werden, wovon der ganzen Hölle noch nie etwas geträumt hat!“

Auf diese Worte macht Ludwig Bathianyi folgende Bemerkung zu Dismas, Pater Thomas und dem General (Anmerkung: Dies sind schon bekehrte Geister, welche mit der kleinen Gruppe in der Gegenwart des Herrn ebenfalls dieser Geisterszene beiwohnen, d. Hg.): „Nun, das ist ein löblicher Empfang! Der König-Häuptling scheint auch ein ganz starker Kerl zu sein, denn Cado kann sich trotz all seines Ringens aus den Krallen seines Häuptlings nimmer los winden Nun kommen auch dessen Helfershelfer herbei, und – o verflucht! – nein, da vergeht wahrhaft dem beherztesten Geiste Hören und Sehen! Mit glühenden Stricken umwickeln sie ihn nun wie die Spinne mit ihrem Fadenschleim eine Fliege. Cado raucht nun von allen Seiten und schreit erbärmlich um Hilfe. O Herr, das ist grässlich! Da, seht hin, wie sie ihn vor sich stoßen und hin wälzen! Und dort im finstersten Hintergrund sehe ich einen Thron wie von weißglühendem Metall. Gegen diesen Thron wälzen sie stets heftiger den sehr zu bedauernden Cado. Was wird denn da geschehen? Sollte etwa da das verheißene Schwitzbad sein? O

Herr, gar sehr bitte ich dich, vergib mir meine Sünden! Aber das ist zu arg! Sie stellen ihn richtig auf den Thron hinauf, von dem nun auf allen Seiten lichterlohe Flammen schlagen. Und er wird extra noch mit glühenden Ketten gefesselt. – Oh, dies schaudererregendste Schmerzgeheul des geknebelten Cado! Herr, willst Du mir so viel Macht einräumen, dass ich hingehe und den Cado frei mache? – Und da kommen andere mit glühenden Spießen und fangen an, von allen Seiten ihn zu durchstoßen! Von jeder Wunde fließt eine grässlich dampfende Glühmasse! Herr, ich bitte Dich, gib mir Macht und lass mich hineilen, diesen wahrhaftig ärmsten Teufel zu befreien!“

Rede Ich: „Lasse das gut sein und sei froh, dass zwischen uns und ihnen eine unübersteigbare Kluft gestellt ist – sonst würden auch die Auserwählten zur Qual kommen. Warte aber nur ein wenig ab! Bald wird diese Sache ein anderes Gesicht bekommen. Denn der zu große, unausstehliche Schmerz wird Cado bald zum Meister seiner Fesseln machen. Dann wirst du den zweiten Akt eines höllischen

Dramas zu Gesicht bekommen.“

Spricht Bathianyi: „Herr, ich bin schon mit diesem über alle Maßen zufrieden und auch alle anderen hier. Auch die liebste Helena scheint mehr als genug zu haben!“ – Spricht Helena ganz erschüttert: „Übergenug! Denn das ist grässlich, übergräßlich!“

Rede Ich: „Meine lieben Kindlein, ihr müsst das sehen, damit ihr vollkommen rein werdet. Denn ein jeder Engel muss auch die Hölle kennen, wie sie beschaffen ist und was da für Früchte aus ihrer bösen Liebe erwachsen. Denkt nicht, Ich ließe so etwas aus einer Art Zorn und Rache geschehen. O das ist ferne Meinem Vaterherzen! Aber ihr wisst, dass ein jeglicher Same seine bestimmten Früchte trägt und jede Tat auch eine bestimmte Folge haben muss, wie jedwede Ursache ihre bestimmte Wirkung. Und das alles wegen der ewigen Ordnung aus Mir Selbst, ohne die nie auch ein Atom hätte erschaffen werden können und ohne die noch weniger an eine Erhaltung des Geschaffenen zu denken wäre. Nun aber hat dieser Geist so sehr wider die für ihn frei gestellte Ordnung gehandelt, dass er durch solches Handeln sich selbst die notwendigen Folgen hat bereiten müssen. Sie dürfen wir wegen der Erhaltung der ewigen Ordnung nicht früher abändern, als bis dieses nun höchst unglückliche Wesen durch die schmerzhaften Folgen seiner früheren Handlungen aus sich selbst zu anderen Handlungen getrieben wird, die dann auch andere, bessere oder aber auch noch schlimmere Folgen nach sich ziehen werden! So jemand einen guten Samen in die Erde legt, wird daraus auch eine gute Frucht erwachsen. Legt aber jemand statt des Weizenkornes den Samen einer Tollkirsche ins Erdreich, so wird er nur wieder eine Tollkirsche und keinen Weizen ernten. Es dürfte Mir aber leicht jemand einwenden: ‚Wäre alles recht, o Herr; aber Du hättest Deine Ordnung nicht in so ungeheuer grelle Extreme treiben sollen!' – Gut, sage Ich und füge aber die Frage hinzu: Ist das Licht-extrem einer Sonne darum als ein Fehler Meiner Ordnung zu beklagen, weil wegen seiner außerordentlichen Stärke jedes Auge erblindet, das da so toll wäre, stundenlang unverwandt in die

Sonne zu schauen? Oder ist das alles verzehrende Feuer etwa mit einem zu heftigen Hitzegrad begabt? Ist nicht die Last eines Berges zu gewaltig, die Schnelligkeit des Blitzes zu groß, die Kälte des Eises zu scharf und die Masse des Meerwassers zu ungeheuer? – Wie sähe es aber mit einer Welt aus, auf der die Ordnung in den Elementen nicht so bestellt wäre? Wenn des Feuers Hitzegrad nur lau wäre, könnte es wohl die harten Metalle schmelzen? Wären aber die Metalle weich, wozu könnten sie dann nütze sein? Wäre die ganze Erde etwa so weich wie Butter, welches Geschöpf von nur einigem Gewicht würde auf so einer Welt bestehen können? Und so die Sonne nicht ein so intensivstes Licht besäße, würde sie dann wohl auch imstande sein, auf Entfernungen von sehr vielen Millionen Meilen die für die Planeten erforderliche Wärme und das über alle Maßen nötige Licht zu bieten? Es möchte vielleicht jemand sagen: ‚Es sollen ja alle Extreme sein und bestehen, aber wozu ist denn beim Menschen die außerordentlich große Schmerzfähigkeit gut?‘ Die Antwort auf diese Frage ist leicht: Stellt euch die Menschheit als schmerzunfähig vor; gebt ihr dann ein freies Erkenntnisvermögen und einen völlig freien Willen. Sanktioniert dann die Gesetze wie ihr wollt, und es wird niemand ein Gesetz beachten! Denn wer keine Empfänglichkeit für Schmerzen hat, der hat auch keinerlei Lust. Und würden wollüstige Menschen, so sie nur mit purer Lustempfindlichkeit begabt wären, sich nicht in aller Kürze gänzlich verstümmeln, so sie bei einem allfälligen Abtrennen eines Gliedes statt des schützenden Schmerzes nur Lust und Wohltun empfänden? Dieser aus übergroßem Schmerze heulende Cado wäre sicher für ewig verloren, wäre er schmerzunfähig. So aber wird er in seinem Hochmut vielleicht noch geraume Zeit Trotz bieten. Wenn ihn aber der Schmerz zu gewaltig erfasst, so wird er am Ende mit sich sehr handeln lassen und wird sich auf bessere Wege begeben. Ihr seht nun aus Meinen Worten, dass da jede Fähigkeit und Beschaffenheit eines Menschen wie auch jedes andern Wesens aus Meiner ewigen Ordnung bestens berechnet ist. Es darf an ihr kein Häkchen fehlen, so der Mensch vollkommen werden soll, was er werden kann. Wenn aber alles so sein muss, dann müsst ihr hier neben Mir stets denken: ‚Was jemand selbst will, trotz der großen damit verbundenen und ihm wohlbekannten Nachteile, dem geschieht auch ewig kein Unrecht, und ginge es ihm noch tausendmal schlechter!‘ – Nun aber gebt weiter acht auf die vor sich gehende Handlung! Und du, Meine liebste Helena, erzähle uns, was du siehst!“

Spricht Helena: „O Herr, das ist zu ungeheuer grässlich! O wohl dir, Robert-Uraniel, dass du das nicht mit uns schaust, du würdest erstarren vor Grauen!“ – Rede Ich: „Sorge dich nicht um Robert! Er sieht diese Szene ebenso gut, wo nicht noch besser als du! Denn im Geisterreiche gibt es keine Ferne, von der aus man irgendein Geschehnis weniger klar sehen würde. *In dieser Welt gibt es ganz andere Nähen und Fernen, und diese befinden sich lediglich im Herzen eines jeden Geistes. Je inniger sich Geister lieben, desto näher sind sie sich. Je schwächer aber die gegenseitige Liebe ist, desto ferner sind sie sich auch.* – Verstehst du das? Sieh jetzt nur mutig die Szene an!“

Helena schaut nun mit mehr Mut und Ergebung nach der Szene hin, da sie einsieht, dass die Sache unmöglich anders sein kann, als wie sie wegen des Gesamtbestandes der ewigen Ordnung sein muss. Es macht aber auch der Franziskaner Cyprian mit dem Grafen Bathianyi und dessen Freund Miklosch eine etwas größere Annäherung zu Mir und richtet seine Augen scharf auf den Schreckensort. Nach einer Weile fängt er unaufgefordert an zu reden: „O du entsetzliche Schwerenot! Cado, von namenlosem Schmerz gedrungen, zerreißt nun alle Fesseln, als wären sie ein lockeres Spinngewebe. Er fällt über seine Peiniger her wie ein wütender Tiger und wen er ergreift, den zerreißt er in kleine Stücke! Die Stücke krümmen sich und hüpfen am glühend aussehenden Boden umher wie abgehauene Stücke einer Schlange! Den glühenden Thron zermalmt er zu Staub! Die Spieße werden vernichtet, und nun stürzt er sich auf seinen irdischen Häuptling, der sich zur Wehr stellt und dem wütenden Cado mit grässlicher Stimme entgegen ruft: ‚Rühr mich nicht an, Hund, sonst sollst du meine Rache in namenloser Schärfe kennenlernen! Glaube nicht, dass ich hier verlassen und ohnmächtig vor dir stehe. Sowie du mich nur mit einem Finger anrührst, wirst du von Millionen mächtigster Geister umringt und in eine Qual geworfen werden, gegen die alles, was du bis jetzt verkostet hast, ein kühlender Balsam war! Willst du aber, da ich in dir nun einige Kraft entdeckt habe, mit mir gegen einen anderen Fürsten einen Bund machen, so soll dir der auf Erden an mir begangene Frevel völlig nachgelassen werden. Du sollst mein intimer Freund sein und mein königliches Ansehen als mein Schwiegersohn im Vollmaß teilen!‘ Cado wird nun etwas stutzig und schreit nach einer Pause noch immer grimmig: ‚Elendster Teufel! So du mir nun – da du ein kleines Pröbchen meiner unbesiegbaren Macht und Kraft gesehen hast – solch friedliche Anträge machst, warum hast du das nicht eher getan, als ich dir doch so harmlos freundlich entgegenkam? Wahrlich, du hättest an mir einen Freund gefunden, mit dessen Hilfe du die ganze Schöpfung aus den Angeln hättest heben können. So aber hast du dir an mir einen Feind gezogen, wie die ganze Hölle keinen zweiten soll aufzuweisen haben. Du glaubtest, mich vernichten zu können, bist aber grässlich enttäuscht worden und machst als Besiegter mir nun friedlich schimmernde Anträge. Aber Cado wird deinen Worten ein verdammt kleines Gehör schenken und dir tausendfach vergelten, was du ihm geliehen hast!‘ Hier streckt Cado seine Hände nach dem Häuptling aus. Aber der Häuptling macht einen Sprung zurück und schreit: ‚Blinder Esel! Musste ich dir das nicht antun, da du sonst nimmer zu dieser Kraft gekommen wärst! Denn hier werden Geister nur durch große Leiden geläutert und zu mächtigen Helden umgestaltet. Und so habe ich dir durch meine grausam scheinende Behandlung ja nur einen größten Freundschaftsdienst geleistet und nicht meinen vorgeschützten Rachedurst gekühlt. Das tat ich dir aber nur wegen der nahen Verwandtschaft, damit du schnell zu jener Kraft gelangst, ohne die sich in diesem Reiche kein Wesen behaupten kann. So du aber das nicht anerkennen willst, versuche immerhin dein loses Vorhaben an mir zu vollziehen, und du wirst dich überzeugen, dass du noch lange nicht der Mächtigste in dieser Welt bist!' Hier stutzt Cado noch mehr und sagt nach einigem Umherschauen: ‚Dummes Luder von einem Beduinenhäuptling, wenn sich die Sache so verhält, warum hast du mir das nicht gleich gesagt? Ich will dir's aber als meinem Schwiegervater in allen Teufelsnamen gelten lassen und annehmen, dass es also ist. Aber wehe dir, so ich dahinterkomme, dass du mich nur so beredet hast! Dann sollst du mir's millionenfach büßen! – Aber nun sage mir, wie der Ort heißt, wo wir uns befinden, und ob es hier keine Burgen und reich beladene Karawanen gibt, die man etwas leichter machen könnte? Denn unser irdisches Handwerk werden wir hier doch nicht etwa aufgeben müssen?'"

Cyprian fortfahrend: „Schönes Vorhaben! Zwei Kerls, wie sie nur in der untersten Hölle ausgeheckt werden können! – Der Häuptling bedenkt sich ein wenig und sagt dann mit geheimnisvoller Würde: ‚Freund, auf der Erde waren wir pure Mückenfänger, hier aber sind wir zu mächtigen Löwen herangereift, denen ganz andere Pläne durchzuführen vorgesteckt sind. Du weißt, dass bis jetzt noch immer die alte Gottheit die drückend tyrannischste Obergewalt ausgeübt hat, und sie hat diese durch ihre Menschwerdung noch mehr befestigt. Wir ersten Geister dieses Reiches unbegrenztester Freiheit aber haben mit unserem Scharfsinn die verborgenen Schwächen der alten Gottheit aufgefunden. Wir werden sie nun in aller Kürze von ihrem alten Thron stürzen und mit ihr machen, wie du ehedem mit deinen Peinigern getan hast. Dann werden wir die ganze alte Schöpfung zerstören und an ihre Stelle eine neue und allerfreieste setzen! Wie gefällt dir dieser Plan?' Cado zuckt mit den Achseln und sagt: ‚Der Plan wäre wohl unser würdig, aber ich zweifle sehr, dass er uns je gelingen wird. Denn die alte, grausame Gottheit ist stets von größter Schlauheit und sieht gerade da am besten, wo wir an ihr Blindheit zu gewahren wähnen. Daher meine ich, dass es mit der Ausführung dieses großartigen Planes durchaus nicht gehen wird.' Spricht wieder der Häuptling: ‚Du bist hier ein Anfänger und redest nach deiner noch sehr beschränkten Einsicht. Du hast noch zu irdisch-dunkle Ansichten von der Gottheit und unterstellst ihr noch Allwissenheit und unbegrenzte Macht. Du siehst die Gottheit noch immer als ein ungeteiltes, all-waltendes Wesen, das nur zu wollen braucht, um eine Myriade neuer Welten aus sich ins Dasein zu rufen. Das kann sie zwar und tut es auch immer, weil das ihr höchstes Vergnügen ist. Aber wir wissen, wohin solch eine Lust die Gottheit mit der Zeitenfolge bringen muss. Sieh Freund, die alte, schwach gewordene Gottheit ist bettelhaft kindisch geworden! Ihre Sache ist, nur immer erschaffen und erschaffen, gehe es, wie immer es gehen mag. Hast du denn auf der Erde nicht schon bemerkt, wie der Gottheit der Zwirn ausgeht? Sie überhäuft die Bäume mit zahllosen Blüten und hat am Ende zu wenig Stoff, alle die Blüten zu einer Frucht zu ernähren. So setzt sie auch Menschen auf Menschen in die Welt. Geht ihr endlich der Erhaltungsfaden aus, so muss sie ihre Lieblinge wie die Fliegen dahinsterben lassen. Und in allem wirst du ähnliche göttliche Verlegenheiten bemerken, aber freilich leider nicht ahnen können, worin der Grund liegt. Wir aber wissen nur zu gut, wie die Gottheit schwächer und schwächer wird und samt ihrer großen Haushaltung am Ende auf den Hund kommen muss. Und so ist es uns auch möglich, Pläne zu entwerfen, die ihren Untergang notwendig befördern müssen.'"

Cyprian berichtet weiter: „Cado schüttelt abermals den Kopf und sagt: ‚Freund, deine Pläne sind eitel! Ich bin zwar der Gottheit entschiedener Feind, aber nicht ihrer Schwäche, sondern ihrer zu ungeheuren Macht wegen. Es ist mein vollkommen freier Wille, entweder hier im Orte der Qualen zu verbleiben oder umzukehren und Besitz zu nehmen an allen möglichen Freuden eines himmlischen Lebens. Aber ich ziehe dennoch vor hierzubleiben, weil ich der Gottheit endlos große Macht nur zu gut kenne. Wäre die Gottheit nur um einen Grad schwächer, hielte ich's sogleich mit ihr und würde sie verteidigen gegen jeden Angriff. Aber eben da sie so unendlich mächtig und unbesiegbar ist, bin ich ihr entschiedenster Feind. Ich weiß, dass meine Feindschaft barste Torheit ist und sie mich jeden Augenblick vernichten kann. Solange aber ich einen freien Willen habe, will ich ihr entschiedensten Trotz bieten, bloß um ihr zu zeigen, dass sie mit ihrer Allmacht und Weisheit mit mir dennoch nichts richten kann, solange sie mich in der gegenwärtigen Willensfreiheit belässt. Es ist für einen Helden wahrlich der größte Hochgenuss, als ein Atom gegen die endlose Größe Gottes sich derart zu stemmen, dass sie nichts dagegen auszurichten vermag! Ich werde daher auch nie ihre eingebildeten Schwächen, sondern vor allem ihre unendliche Kraft zu erforschen bemüht sein. Und je mehr Kraft und Stärke ich in ihr entdecke, desto unbeugsamer werde ich mich ihr gegenüber gebärden. Siehe, das ist mein Sinn, der sich für einen Helden ziemt! Aber dein Plan, die Gottheit zu entthronen, gehört zu den größten Lächerlichkeiten. Die Gottheit ist das unendlichste Wesen in jeder Hinsicht! Daher gib deinen Plan auf und tue, was ich tue. Du wirst einen Hochgenuss haben dadurch, dass du dir selbst das Zeugnis geben kannst, der höchsten Gottesmacht mit deiner barsten Nullkraft dennoch Trotz bieten zu können!‘ Spricht der Häuptling: ‚O du dummer Esel! Meinst du denn, dass du aus dir selbst heraus bist, wie du bist? Sieh, du bist ja gerichtet und kannst nimmer anders wollen. Du meinst dadurch der Gottheit zu trotzen, so du bist, wie sie will, und nicht, wie du willst! Solange Gesetze und Fesseln ein Wesen binden, ist es nicht frei, sondern Sklave einer höheren Macht. Und solange die Gottheit unserem Wirken unübersteigbare Grenzen setzt, sind wir die elendsten Sklaven. Von einer Freiheit kann bei uns so lange keine Rede sein, als wir aus unserer eigenen Macht das harte Joch der Gottheit nicht völlig von uns zu weisen imstande sind. Können wir aber der Gottheit trotzen, und muss die Gottheit diese Schmach erdulden, so ist das doch sicher ein Zeichen, dass sie schwach ist. Ist sie aber in einem schwach, so wird sie auch in vielem anderen vielleicht noch schwächer sein. Daher ist es an uns, alle ihre schwachen Seiten sorglich auszukundschaften und sie dann mit unserer Übermacht anzugreifen und gänzlich zu verderben.‘“

Der Franziskaner Cyprian für sich: „O du

verzweifelter Lump! Was der für löbliche Ideen hat! Schau, schau! Ich habe immer noch gemeint, die höllischen Geister müssten in ihrer fürchterlichsten Qual eine ewig brennende Reue über ihre großen Sünden fühlen, ohne je eine leiseste Hoffnung auf Erlösung zu haben. Aber wie ich sehe, ist die Sache ganz anders. Sie wollen das alles selbst, bloß um Dir, o Herr, hartnäckigsten Trotz bieten zu können! Die Kerle haben nur Freude über ihre grenzenlose Verstocktheit, das ist wahrlich nicht übel! – Aber Herr, solchen Lumpen möchte ich an Deiner Stelle denn doch ein bisschen ihre Freude versalzen. O ihr Hauptlumpen, wartet, dieser Freudenbecher soll euch mit einer Galle gefüllt werden, an der ihr für ewig sollt hinreichend zu lecken haben!"

Sage Ich: „Mein lieber Cyprian! Diese Erscheinung musst du leidenschaftslos beobachten, sonst füllst du dein eigenes Herz mit demselben Stoff, mit dem der beiden höllischen Geister Herz erfüllt ist. Denn Drohung, Rache und Krieg sind Eigentümlichkeiten der Hölle, wie sie sich dir soeben zur Schau stellen. Sieh nur hin, wie soeben eine Horde gleich glühenden Drachen aus einer mächtig qualmenden Höhle zum Vorschein kommt und unsere beiden Räuberhäuptlinge umstellt, begrüßt und sie belobt ob ihrer gut höllischen Gesinnung. Und wie die beiden sich nun auch in eine gut ausgebildete Drachengestalt umzuwandeln beginnen, was so viel sagen will, dass sie nun vollends ins echt Höllische übergehen, das sich in ihnen nun völlig ausgebildet hat. Ich sage dir, es bleibt diesen Geistern nichts geschenkt. Jedes Lästerwort wird zu einem glühenden Stein auf ihrem Haupt Und sie werden bei solch einer Last schon nach und nach inne, ob sie stärker seien als die Gottheit und fähig, ihre argen Pläne gegen Mich je in Ausführung zu bringen! – Gott ist durch und durch die reinste Liebe, und aus solcher Liebe die höchste Weisheit, Ordnung und Macht. Alles das, mag es dir noch so schrecklich vorkommen, ist Meine Liebe, Weisheit und Ordnung. Es muss alles so geschehen, damit alles bestehe und nichts verlorengehe! Die eigentliche Höllenqual wird für diese Geister erst jetzt ihren Anfang nehmen. Du siehst nun auch die ehedem von Cado zerrissenen Quälgeister sich wieder ergänzen – nur nicht in einer menschenähnlichen, sondern in einer Schlangengestalt. Passe recht auf, und du wirst gleich der eigentlichen Hetze ansichtig werden. Aber du, Helena, darfst nun nicht mehr hinsehen, weil das für dich zu arg wäre! Ihr anderen aber seht hin, und du, Cyprian, kannst auch nebenher erzählen, was du erblicken wirst!“

Der Franziskaner Cyprian tritt nun einige Schritte näher, um die Szene ungehinderter betrachten zu können. Aber Ich sage zu ihm: „Cyprian, nähern darfst du dich dem Orte des Gräuels nicht, weil das einen üblen Eindruck auf dich machen könnte! Daher mache die Schritte wieder zurück, du wirst die Sache auch von deinem früheren Standpunkte gut übersehen können.“ Cyprian tritt auf diese Anrede sogleich zurück und sagt: „O Herr, ich danke Dir für Deine väterliche Zurechtweisung! Ohne sie wäre ich am Ende ganz hingezogen worden, was wahrhaftig höchst unglücklich für mich hätte werden können. – Nun fängt aber auch dort die höllische Geschichte an, ein ganz verzweifeltes

Aussehen zu bekommen! O Kreuz, Blitz und Donner, diese Nordgegend bekommt nun ein schauderhaftes Aussehen! Eine finster gähnende Grotte öffnet sich weit durch die schroffen Wände eines Gebirges, aus dessen Schluchten und gigantischen Spalten sich ein stets dichterer finsterer Qualm entwickelt. Auch vernehme ich ein unheimliches Toben gleich dem eines entfernten großen Seesturmes. Oh, das fängt an, sehr bedenklich zu werden! Nun erschaue ich zu oberst des Gebirges über der schaudervollen Grotte zwei Engel sehr düster ernsten Aussehens! Wer etwa doch diese zwei Engel sind?“

Sage Ich: „Sehe sie nur besser an, du wirst sie leicht erkennen!“ – Cyprian beschaut sie nun schärfer und erkennt bald Sahariel und Robert-Uraniel. Er will sie Mir nennen; aber Ich untersage ihm solches wegen der Helena, deren Herz zu zartfühlend ist, als dass es ohne Vorbereitung das Geschäft ihres Gemahls auf einer für ihre Begriffe so gefährlich scheinenden Stelle mit rechter Ruhe betrachten könnte. – Cyprian versteht solchen Wink und schweigt. – Aber Helena, wenn schon an Meiner Brust mit ihrem Gesicht ruhend, fragt dennoch Cyprian, ob er die zwei Engel noch nicht erkannt habe. – Cyprian aber entschuldigt sich recht klug: „Jawohl! Aber ich habe nun vor lauter Schauen keine Weile, dir ihre Namen zu nennen. Gedulde dich nur, sie werden ohnehin bald selbst herkommen.“ – Helena gibt sich damit zufrieden und verbirgt ihr Gesicht an Meiner Brust vor den angekündigten Gräuelszenen der Hölle. Ein stets mächtigeres Tosen und Toben zeigt nun an, dass die Hölle wieder etwas sehr Arges auszuführen beabsichtigt.

Cyprian aber, dem dieses Donner ähnliche Dröhnen nicht gefallen will, sagt zu Mir: „Aber Herr, Du heiligster, bester Vater! Was soll denn aus dieser stets gröber werdenden Brummerei werden? Es fängt sogar dieser Boden, auf dem wir nun stehen, zu beben und sich zu heben an! Und dort, wo die schaudererregende Grotte – aus der nun stoßweise Flammen mit massenhaftem Qualm herausschlagen – sich weiter auszudehnen scheint, wälzen sich jetzt über das Gebirge herab fürchterliche Gewitterwolken gleich losgerissenen großen Felsstücken. Die Sache bekommt ein niederträchtiges Aussehen, obschon die höllische Gruppe sich noch friedlich und nichts Arges ahnend vor dem Eingang der schrecklichen Grotte befindet und nicht einmal Miene macht, etwas zu unternehmen. – Ich bitte Dich, Herr, sage uns doch, was aus dieser sonderbaren Vorbereitung am Ende herauswachsen wird? Ich entdecke sonst nichts als immer mehr Flammen, die aus der Grotte schlagen. Ebenso stets mehr des dicksten Rauches aus der Grotte wie aus anderen Klüften des Gebirges und ein ständiges Anwachsen der Gewitterwolken. Die beiden Engel auf der höchsten Spitze des Gebirges sind ganz ruhig und scheinen diese grauenhaften Vorbereitungen gar nicht zu bemerken. Der unerträgliche Sturmlärm scheint nicht bis zu ihren Ohren zu dringen."

Rede Ich: „Mein lieber Freund! Die Hölle ist nie gefährlicher und unheilbringender, als so sie sich äußerlich ganz ruhig verhält, aber dafür innerlich mit desto größerer Wut zu toben beginnt – wie dies soeben der Fall ist. Dagegen aber ist auch der

Himmel nie wachsamer gegen die Hölle gestellt, als wenn er sich bei solchen Umtrieben der Hölle ganz ruhig und gleichmütig zu verhalten scheint. So lange die Hölle bloß innerlich gärt und tobt, schreitet der Himmel nicht ein. Aber wenn sie, mit der Weile ermutigt, ihre Wut nach außen hin in Wirksamkeit treten lässt, dann wird schon auch der Himmel seine Gegenmittel in nachdrücklichste Wirksamkeit treten lassen. – Gib nur genau acht, wie die Hölle nun ihren alten Versuch, Mich zu fangen und zu stürzen, tückisch unter dem Deckmantel äußerer Ruhe erneuern wird. So du jetzt einen Blick auf die Erde werfen magst, wozu du bloß über deine Achsel links zu schauen brauchst – wirst du genau gewahren, wie die Hölle nun auch an den Höfen gleichermaßen tätig einzuwirken sich bemüht, um die ganze Erde in einem alles verheerenden Krieg zu entflammen. Sie wird ihr Vorhaben auch hie und da zum Ausbruch bringen; aber dann passe auf, auf welch eine Weise ihr da das Handwerk gelegt wird! – Betrachte daher nur diesen Höllenausbruch und seine Folge, so wirst du leicht schließen können, wie sich auf der Erde alles das, was hier nun vorgeht, in entsprechender Weise nachbilden wird. – Siehe, der Rumor wird schon wieder stärker, die Flammen in der Grotte werden intensiver und der Qualm selbst glühend! Die Rotte vor der Grotte wird zahlreicher und fängt an, sich gegen uns her zu bewegen. Nun wird es bald losgehen!“

Cyprian wendet kein Auge ab von der Szene. Ich aber gebe Meinen Dienern einen Wink, und diese verstehen, was sie zu tun haben. Nach einer kurzen Weile sagt Cyprian ängstlich: „Herr, wir werden uns am Ende doch zu einem Rückzug bequemen müssen. Denn die Hölle scheint nun alle ihre viele tausend Jahre alten Gefangenen freizulassen, damit sie mit vereinten Kräften Dich samt dem ganzen Himmel in Beschlag nehmen. Sie wandern nun keck auf uns zu! Und diese Gestalten, wahrlich mitunter lächerlich grässlich! Wie sich einige aufblähen und bald darauf wieder zusammensinken bis zur Größe eines kleinen Affen! Auch allerlei Waffen fange ich an zu entdecken! Spieße, Lanzen, Schwerter und Gewehre aller Art. Das geht ja auf einen ordentlichen Krieg los! Aber gegen wen denn? Gegen uns etwa doch nicht? Sehen sie uns denn auch, weil sie sich gerade gegen uns her richten?“

Sage Ich: „Freilich gilt der Krieg von Seiten der Hölle allzeit uns! Sehen können sie uns nicht; wohl aber vermuten sie uns hier, weil sie an der Stelle gegen uns her, die eigentlich der geistige Mittag ist, eine Art Helle wahrnehmen. Sie mühen sich vergeblich ab, uns näherzukommen. Sie meinen wohl, dass sie vorwärts gehen, aber ihr scheinbares Vorwärts ist ein Rückgang und ein stets mehr Sich-entfernen von uns. Daher lassen wir sie auch traben, da wir wissen, wie weit und wohin sie mit dieser Bewegung kommen werden. Sie werden aber mit der Weile inne, dass sie um nichts vorwärtskommen trotz all ihres Mühens. Und dies wird das Zeichen zum Ausbruch ihrer inneren Wut sein, in der sie sich selbst gegenseitig ohne Schonung anfallen und zerreißen werden gleich wilden Bestien. Gib jetzt nur recht acht, ganz besonders auf ihre Bewegung!“

Cyprian achtet nun sehr auf alles, was sich in der Bewegung der Höllenrotte ergibt. – Miklosch und

Graf Bathianyi aber sagen einstimmig: „Herr, übergroß ist Deine Langmut und Geduld, dass Du solchem Treiben mit Deiner sanftmütigsten Gelassenheit zusehen kannst! So es auf uns ankäme, würden wir diesem Gesindel einen ganz kuriosen Ernst entgegen senden. Nein, solch eine Frechheit, sich Dir entgegenstemmen zu wollen, ja Dich sogar, so es möglich wäre, gänzlich zu vernichten! Nein, das ist zu über-höllisch arg! Solch ein Gedanke würde von uns aus schon einer ewigen Züchtigung wert sein!"

Rede Ich: „Meine lieben Kindlein, lasset beiseite, was nur immer den Namen Ärger hat! Denn seht, *aller noch so geringe Ärger entstammt der Hölle* und verträgt sich nie mit der reinen Natur Meiner himmlischen, noch kleinen Kindlein, als wie ihr es nun noch seid. Ihr müsst euch überhaupt über gar keine Erscheinung, wie böse sie auch immer aussehen mag, auch nur im geringsten ärgern. Denn das Ärgern der Kinder der Himmel verleiht der Hölle einen Vorschub und gibt ihr Stoff zum Wiederärger, den sie nur zu leicht und zu bald vergrößert und in einen neuen Wirkungsstand setzt. – Denkt aber dafür in eurem Herzen, dass dies alles also geschehen muss, so in jene Grotte auch einmal ein sanfteres Licht dringen soll. Denkt, dass die ganze Hölle aus Wesen besteht, die teils durch ihre und zum Teile durch die Geschichte der Weltgroßen zu solchen Teufeln geworden sind und ihr geistiges Leben gänzlich verwirkt haben. Sie sind nun unendlich unglücklich und werden noch stets unglücklicher werden. An uns aber, die wir alle Macht innehaben, liegt es nun, ihnen *so viel als möglich zu helfen*, und zwar durch jedes Mittel, durch das eine Hilfe noch möglich erscheint. Dieser nun bevorstehende Kampf gegen uns setzt ihr mattes Scheinleben in eine größere Tätigkeit, durch die sie vor der völligen Auflösung geschützt werden. Durch den fehlgeschlagenen Versuch werden sie dann wieder in Kenntnis gesetzt, dass sie gegen Gott nichts vermögen. Dann werden viele aus ihrer Rotte bescheidener werden und sich bei einer ähnlichen künftigen Unternehmung nicht mehr beteiligen. Und das ist dann ein wirklicher Fortschritt dieser verlorenen Schafe. Für sie stehen uns dann schon wieder eine Menge wirksamster Mittel zu Gebote, sie in eine etwas hellere Belebung zu leiten, ohne uns direkt an ihrem freien Willen, der ihr Leben ist, zu vergreifen. Dass aber derlei Bäume nicht mit einem Hiebe gefällt werden dürfen, werdet ihr hoffentlich einsehen?"«

Aus J.L., Von der Hölle bis zum Himmel, Band 2, Kap. 162-169

Der ewige Tod, sein Grund und sein Wesen

Eine Jenseits-Szene.
Warum die Lauheit so gefährlich ist

Der Herr berichtet:

»Sagt Robert, schon knapp an der Wendeltreppe stehend: „O liebevollster, weisester Vater! Es fehlt uns an Worten, Dir für solch eine Aufklärung nach Gebühr zu danken. Man kann sich also im Zustande des ‚ewigen Todes' lebend und glücklich sogar in irgendeinem Himmel befinden, nur ist dabei das eigentliche Ur-Ich nicht mehr vorhanden. Oh, das ist ja doch Gnade über Gnade von Dir! Wir verstanden unter dem Ausdruck ‚ewiger Tod' festweg die Hölle, aus der ewig kein Ausweg mehr führt. Und, so es schon einen gibt, weil bei Dir doch alle Dinge möglich sind, so, dachten wir, kann dieser unmöglich anders als nur ein höchst beschwerlicher sein.

Nun aber bekommt die Sache ein ganz anderes Gesicht. Dank Dir und Liebe für diese herrliche Belehrung!“

Sage Ich (Jesus): „Es macht mir besondere Freude, dass ihr das alles so wohl aufnehmt. Aber die Gnade bei der Gabe des ewigen Todes an ein verunglücktes Wesen der Welt ist nicht gar so groß, wie ihr meint. Denn es wäre für manchen die Hölle auf zehnmal hunderttausend Erdjahre mit beibehaltener Erstzeugung besser als der eigentliche ewige Tod. Ist aber mit der Hölle dritten Grades auch die Erstzeugung für ewig in Verlust geraten, dann ist sie freilich noch schlimmer als der pure ewige Tod für sich allein.

Soviel Ich aber merke, begreift ihr nun wohl, was eigentlich der ewige Tod an und für sich ist. Aber das eigentliche Übel dieses Zustands seht ihr noch nicht ein. So muss Ich euch hier beim Hinabsteigen über diese Wendeltreppe noch einiges hinzufügen. Und so hört!

Wer als das, was er uranfänglich war, *wegen Verkehrtheit seiner Liebe* sich im ersten oder zweiten Grad der Hölle befindet, kann nach vielen bittersten Erfahrungen dennoch wieder das werden, was er uranfänglich war. Sein Bewusstsein wird ihm belassen, seine Erinnerung bleibt ihm, und er kann zur Vollendung gelangen. Aber so der Mensch durch die Mir unerträglichste Lauheit weder kalt noch warm ist, sich um nichts kümmert, weder um etwas Gutes noch um etwas Böses, – oder es ist ihm das eine wie das andere gleich, so dass er einmal kaltblütig die größten Gräuel und so auch manchmal etwas Gutes ausüben kann – dem also gleich ist Gott oder Teufel, Tag oder Nacht, Leben oder Tod, Wahrheit oder Lüge: der ist dem eigentlichen ewigen Tode verfallen. Und er befindet sich damit in der aller untersten Hölle, aus der in ein- und derselben Urwesenheit kein Herauskommen mehr denkbar ist.

Der Grund solch eines Zustandes ist der konzentrierteste Hochmut, der alle Grade der Selbstsucht und Eigenliebe durchgemacht hat und sich in solch hochgradiger Verdichtung gewisserart selbst erdrückt und so um das Ur-leben des Geistes gebracht hat. Und eben darin besteht der eigentliche ewige Tod, der das Schlimmste alles Schlimmen ist, weil da das eigentliche Sein ein völliges Ende nimmt.

Solch eine Seele ist dann gänzlich verdorben. Ihre erste Gesamtheit muss durch des Feuers Gewalt in ihre einzelnen Urlebensfunken aufgelöst und darauf, mit ganz neuen gemengt, auf langen Wegen durch die Pflanzen- und Tierwelt eines anderen Planeten in einem ganz fremden Sonnengebiet in eine höchst untergeordnete Form eines Menschen übertragen werden. Auf diese Weise bleibt dann von der Urwesenheit solch einer Seele verzweifelt wenig mehr übrig. Und das ist das eigentlich Schlimmste, denn solch eine Seele kann dann unmöglich mehr je zu Meiner Anschauung gelangen, weil sie dann bloß nur Seele ohne Meinen Geist in ihr ist und bleibt.

Die Sache ist ungefähr so, wie da auch ein unreifer, fauler Apfel in einen Schimmel und Schwamm übergehen kann. Aus solchem aber kann kein Apfel mehr werden, im besten Falle noch eine Schmarotzerpflanze. Und diese hat wohl wenig Ähnlichkeit mehr mit dem Urbaum und mit der Urfrucht. Sagt

Mir, ob ihr das wohl vollkommen verstanden habt?“

Sagen alle wie ein Mann: „Herr und Vater, jetzt ist uns alles vollkommen klar! Es ist zwar über den Zustand solch einer selbstischen Verlorenheit nicht viel Erfreuliches zu erwähnen; aber dessen ungeachtet sieht doch immer Deine große Liebe und Erbarmung heraus, und bei Dir sind ja alle Dinge möglich. Es kann daher nach freilich undenkbar langen Zeiträumen doch auch für diese Wesen ein Stündchen kommen, in dem sie sich und Dich mehr und mehr urzuständlich zu erkennen und zu lieben anfangen und von da fortschreiten in der Erkenntnis wie in der Liebe. Wie oft hast Du durch den Mund Deiner Propheten und Knechte den Kindern der Welt alle erdenklichen Gerichte als schlimme Folgen ihrer bösen Handlungen prophezeien lassen. So sich aber dann nur einige wenige Besseren an Dich in ihrem Herzen wandten, da zogst Du wieder Deine scharfe Zuchtrute zurück. Du segnetest wieder den Erdkreis und schlugst dann für die Besserung der Bösen einen ganz anderen Weg ein, als den Du durch Deine Propheten hattest anzeigen lassen. Jonas und Jeremias geben dafür das untrüglichste Zeugnis. In allen guten Verheißungen hast Du noch allezeit das Wort gehalten. Aber in den Androhungen von Strafen nur dann, so die Menschen Dich gänzlich aus den Augen gelassen haben."

Sage Ich: „Ja, ihr habt vollkommen recht, so ist es auch! Der Grund, dass Ich angedrohte Gerichte oft nicht erfolgen lasse, liegt hauptsächlich darin, dass wirklich erfolgte Strafen die Menschen selten bessern, sondern meist nur verschlimmern. Und so lasse Ich denn, so sich nur einige wenige Gerechtere gläubig an Mich wenden, die Drohungen gerne in Segnungen umwandeln. Deshalb aber lasse Ich auch die Strafen und Gerichte nur bedingungsweise androhen. Finden sie Herzen, welche die Bedingungen nur einigermaßen erfüllen, so tut es sich dann schon wieder. Und Ich segne dann für wenige Gute auch viele Schlechte mit, damit sie nicht Gelegenheit bekommen sollen, noch schlechter zu werden, wie das gewöhnlich bei Kriegen der Fall ist. Denn Kriege sind stets die beste Nahrung für den unersättlichen Wuchergeist und die beste Schule der Grausamkeit teuflischen Hochmuts.

Es ist freilich leider oft der Fall, dass die sanfte Mahnstimme Meiner Engel an den starren Ohren der Weltmenschen ungehört vorüber gleitet und Ich dann genötigt bin, die Stimme der Teufel unter die tauben Menschen fahren zu lassen. Findet aber die Stimme aus den Himmeln nur irgendein kleines Gehör, lasse Ich gerne die Stimme der Teufel verstummen. Denn ein Vater bleibt doch stets der sanfteste Richter und schlägt nicht sogleich drein, wenn er auch schon die Zuchtrute drohend erhebt. Es ist besser, Jahrzehnte lang zu drohen und durch die Finger sehen, als ein Jahr lang zu strafen. Denn die Pflanzen auf unserer Erde sind von zartester Art und müssen mit großer Schonung behandelt werden. Die Geburtsstätte der Kinder Meines Herzens ist eine andere als die Meiner anderen Wesensteile. Ihr müsst euch stets vor Augen halten, dass eben die kleine Erde jene Geburtsstätte der Kinder Meines Herzens ist!

Aber nun sind wir vollends auf dem Boden des

ebenerdigen Gemachs und wollen da sogleich die nötigsten Beobachtungen machen. Beseht die vier großen Wände! An jeder Wand erseht ihr drei Türen. Durch diese Türen könnt ihr zu all den Welten und Himmeln und deren Vereinen gelangen, die sich in der ganzen Unendlichkeit befinden; nur zu diesem höchsten und innersten Himmel nicht, in dem ihr nun seid. – Kommt nun gen Norden; da wollen wir in aller Kürze den Anfang machen.“«

J.L., Von der Hölle bis zum Himmel - Band 2 / 294. Kapitel

Einige Kernaussagen aus der Neuoffenbarung Gottes über die „Ewige Verdammnis"

Jesus zu einem Schriftgelehrten, der es nicht für geraten hält, von der möglichen Erlösung eines Sünders aus der Hölle zu sprechen: „Gibt es wohl einen Vater von nur einiger Liebe zu seinen Kindern, der ein Kind, das gegen sein Gebot einen Fehler beging, auf lebenslänglich in einen Kerker stieße und es da noch züchtigen lassen möchte alle Tage, solange es lebt?! Wenn aber das ein irdischer Vater nicht tut, um wie viel weniger wird das der Vater im Himmel tun, der die ewige, reinste Liebe und Güte ist!"

[Ev. Bd. 6, Kap. 243, 9]

Floran, ein von Jesus bekehrter, erleuchteter Pharisäer, verwirft die Lehre von ewiger Verdammnis und Pein, preist Gottes Liebe und Weisheit in der Seelenführung durch bittere Erfahrungsschulen hier und jenseits und fährt fort: „Du kannst Gott nicht ärger beschimpfen, als wenn du Ihn dir als einen ewigen Tyrannen vorstellst! Ich kann Gott nur über alles lieben und Ihn als das heiligst beste und weiseste Wesen anbeten, aber als grausamen Tyrannen fürchten ewig nimmer!“

[Ev. Bd. 3, Kap. 157, 12-16]

Der Erzengel Raphael: „Der Herr hat keine Seele fürs Verderben, sondern alle Seelen für eine möglichst hohe Lebensvollendung erschaffen!“

[Ev. Bd. 5, Kap. 97, 6]

Ein römischer Oberrichter, erschüttert durch die höllische Erscheinung seines herrschsüchtigen, grausamen Vaters aus dem Jenseits, fragt: „0h Herr und Meister alles Seins und Lebens, wird es denn mit solch einer Seele ewig nimmer besser werden? Wird sie nimmerdar zum Lichte kommen?“ Ihn belehrt Jesus mit freundlicher Miene: „Bei Gott sind alle Dinge möglich, wenn sie dem Menschen noch so unmöglich vorkommen. Doch das Wie und Wann wirst du erst dann einsehen, wenn es dir Mein Geist der ewigen Liebe und Wahrheit in deiner Seele verkünden wird.“

[Ev. Bd. 9, Kap. 169, 25-26]

Der Evangelist Markus zu einem die ewige Verdammnis fürchtenden Prior im Jenseits: „Wenn du dich selbst nicht verdammst durch deinen unbeugsamen Sinn und wenn du, wie ich es sehe, Liebe zum Herrn in dir empfindest, wer hätte da wohl die Macht, dich zur Hölle zu verdammen? Meinst du, der Herr sendet Seine Boten der Verdammnis wegen? Oh, da bist du doch in einer großen Irre! Der Herr sendet Boten nur der Erlösung, aber nie der Verdammnis wegen. Daher mache deine Liebe zum Herrn hell auflodern, gehe hin in solcher Liebe zu deinen Brüdern und führe sie alle aus ihren Gefängnissen hierher, und du wirst dann erst erfahren, wie der Herr Seine Kinder richtet!

[GS. Bd. 1, Kap. 86, 14-15]

Ein weiser Ältester einer Zentralsonne: „Solches wissen wir auch von Gottes Engeln, dass der Herr eher eine ganze Schöpfung zerstören würde, ehe Er ein Kind vollkommen verloren gäbe!“

[GS. Bd. 2, Kap. 17, 14]

Jesus zu Robert Blum in der Geisterwelt: „Was die von dir gerügte ‚ewige Verdammnis‘ der durch schlechte Regenten verdorbenen Menschenseelen anlangt, da muss Ich dir offen gestehen: Die ganze Ewigkeit kann dir in Wahrheit nicht einen Fall vorweisen, wo ein Geist von Gott aus verdammt worden wäre! Aber zahllose Fälle kann Ich dir vorführen, wo Geister nur zufolge ihrer vollen Freiheit die Gottheit verabscheuen und verfluchen und um keinen Preis von Ihrer endlosen Liebe abhängen wollen, da sie selbst Herren, sogar über die Gottheit, zu sein sich dünken! Kann da wohl die Gottheit an solch einer Selbstverdammnis schuld sein?!“

[Rbl. Kap. 24, 5 u. 8]

Jesus zu Robert Blum im Jenseits: „Hätte die

Gottheit die abtrünnigen Geister mit Ihrer Allmacht ergreifen sollen, wenn sie Ihrer Liebe kein Gehör schenken wollten? Siehe, das hieße: solche Geister für ewig verderben! - Was kann die ewige Liebe anderes tun, als aus Ihrer Liebe und Weisheit zu sagen: „Weichet von Mir, die ihr euch selber gänzlich von Mir abgeflucht oder abgelöst habt, und geht in eine andere Erfahrungsschule, die euch zu eurer möglichen Wiederkehr bereitet ist!" - Wie kannst du da noch glauben, dass die Gottheit Ihre Geschöpfe, die Sie aus sich zeugt und schafft, verfluchen, verdammen und elend machen solle für ewig?! Was hätte Sie wohl davon?!"

[Rbl. Bd. 1, Kap. 28, 7-9]

Jesus: „Die Kluft zwischen Himmel und Hölle bedeutet den nie übersteigbaren Unterschied zwischen Meiner freiesten Ordnung in den Himmeln und der ihr in allem äußerst widerstrebenden Unordnung in der Hölle. Dieser Bibeltext (in Meinem Gleichnis vom reichen Mann und von dem armen Lazarus) bezeichnet also nur die Unvereinbarkeit der Ordnung und der Unordnung, nicht aber eine ewige Torsperre für denjenigen, der sich in der Unordnung befindet."

[Rbl. Bd. 2, Kap. 227, 2]

Der Apostel Petrus im Geisterreich zu hartherzigen, verstockten kirchlichen Würdenträgern: „Wenn der Herr selbst von sich aussagt, dass Er nicht gekommen sei, um die Welt zu richten, sondern selig zu machen alle, die durch den Glauben an Ihn selig werden wollen, - woher habt denn ihr euch das Recht genommen, eure schwachen Brüder zu richten und für ewig in die Hölle zu verdammen?!"

[Rbl. Bd. 2, Kap. 232, 12]

Jesus, im Jenseits von einem forschenden Geist befragt über die ‚ewige Verdammnis', erwidert mit Nachdruck: „Da Ich selbst das ewige Leben bin, so kann Ich doch nie Wesen für den ewigen Tod erschaffen haben! - Es steht wohl geschrieben von einem ewigen Tode und einem ewigen Gericht, dieses Gericht geht hervor aus Meiner ewig unwandelbaren Ordnung und ist das ‚Zorn- und Eiferfeuer Meines Willens', der für ewig und unwandelbar verbleiben muss, ansonsten es mit allem Geschaffenen völlig aus wäre! Es muss also der Geschaffenen wegen ein ewiges Gericht, ein ewiges Feuer und einen ewigen Tod geben. Aber das hat nicht zur Folge, dass ein im Gericht gefangener Geist so lange gefangen verbleiben muss, wie dieses Gericht an und für sich dauern kann, so wenig wie auf Erden die Gefangenen auf die ganze mögliche Dauer ihres festen Gefängnisses verurteilt werden können. Sind denn nicht ‚Gefängnis' und ‚Gefangenschaft' zweierlei? - Das Laster als Unordnung oder Wider-Ordnung ist wahrlich auf ewig verdammt, jedoch der Lasterhafte nur so lange, wie er sich im Laster befindet. Also gibt es in Wahrheit eine ewige Hölle, aber keinen Geist, der seiner Laster wegen ewig zur Hölle verdammt wäre, sondern nur bis zu seiner Besserung."

[Rbl. Bd. 2, Kap. 226, 6-12]

Der Herr: „Was dereinst mit den in Gottesfeindschaft verharrenden Verdammten nach der Wiederbringung aller Dinge geschehen wird, ist niemandem zu wissen gestattet. Solches weiß auch der höchste Engel nicht. Nur die Gottheit des ewigen Vaters in ihrer Heiligkeit sieht vorher die Schicksale aller Kreatur durch alle Ewigkeiten der Ewigkeiten - jeder nach dem heiligen Willen Gottes Erleuchtete in dieser überaus geheimnisvollen Sache aber erst in künftigen Zeiten!“

[Hi. Bd. 2, S. 18]

Kapitel 2: Die Neuoffenbarung Gottes

Einleitung: „Noch vieles hätte Ich euch zu sagen..." (Joh.16,12-14)

Von Prof. Franz Deml

Für die Christenheit, ja für die Menschheit als Ganzes, kann es kein größeres Ereignis geben, als dass die Verheißungen des Herrn im Johannes-Evangelium sich wahrmachen:

> "Noch vieles hätte ich euch zu sagen, doch ihr könnt es jetzt noch nicht ertragen (fassen). Wenn aber jener, der Geist der Wahrheit, kommt, wird er euch in alle Wahrheit einführen. Er wird nicht aus sich selber sprechen; er wird vielmehr reden, was er hört, und wird euch verkünden, was künftig ist." (Joh. 16, 12-14)

Der Inhalt dieser Worte lässt keinen Zweifel daran, dass es sich hier um künftige Prophetien handelt. Tatsächlich hat es auch in der christlichen Ära, nicht nur im Alten Bund, eine fortlaufende Prophetie gegeben, die leider bei den institutionellen Kirchen zu wenig Beachtung fand. Mit der willkürlich gesetzten und unbegreiflichen These, dass spätestens mit dem Tode der Apostel alle Offenbarung endgültig abgeschlossen sei, gewährte man der Stimme des Heiligen Geistes nur wenig Spielraum mehr.

Nun hat aber schon der zu seiner Zeit hoch gerühmte Zisterzienserabt Joachim von Fion (gest. ca. 1205), der selbst ein großer Prophet war, in seiner Dreizeitenlehre darauf hingewiesen, dass nach der Offenbarung des Johannes, zu Beginn des sogenannten Geistzeitalters (d.h. kurz vor dem Endgericht), den Menschen ein "Ewiges Evangelium" verkündet werden wird. Der betreffende Text bei Johannes lautet:

> "Und ich sah einen anderen Engel fliegen durch die Himmelsmitte, der hatte ein Ewiges Evange-

> lium zu verkünden über die Erdbewohner und über alle Nationen und Stämme und Sprachen und Völker…" (Joh. Offb. 14,6)

Wir müssen uns nun fragen: Hat es vielleicht eine solche Verkündigung nicht schon längst gegeben oder müssen wir noch darauf warten? Wir können es jedenfalls als ein heilsgeschichtliches Omen betrachten, dass auffallenderweise sogleich mit dem Beginn der Neuzeit die Prophetengabe in einem Ausmaß wuchs, dass niemand mehr, auch die Kirche nicht, daran vorbei kann.

Schon mit J. Böhme und E. Swedenborg waren Höhepunkte erreicht, die schließlich noch durch den größten aller christlichen Propheten, durch Jakob Lorber (1800 - 1864), weit übertroffen wurden. Durch ihn hat zweifellos der verheißene Heilige Geist sein ganzes Füllhorn ausgegossen. Besonders ist es das zehnbändige "Große Evangelium Johannes", das anhand von detaillierten Schilderungen aller Vorgänge im Leben Jesu während seiner drei Lehr- und Wanderjahre "in alle Wahrheit einführt". Erst recht aber wird in dieser Prophetie die folgende

Verheißung Jesu wahr:

> „Der Beistand aber, der Heilige Geist, den der Vater in meinem Namen senden wird, der wird euch alles lehren und euch an alles erinnern, was ich euch gesagt habe.“ (Joh. 14,26)

Wie sehr treffen gerade diese Worte auf das “Große Evangelium Johannes” zu! Aber auch die großen Jenseitswerke Lorbers sind eine unerschöpfliche Quelle tiefster Erkenntnisse.

Diese sogenannte Neuoffenbarung - die nirgends in Widerspruch steht zur Altoffenbarung, das heißt zu den überkommenen vier Evangelien, sondern ihren Inhalt erst voll zur Entfaltung bringt, - ist ein “Licht aus den Himmeln”, das in allen Dingen Klarheit schafft und keine Fragen offen lässt. Ja, sogar die alte Unstimmigkeit zwischen Wissenschaft und Glauben wird dadurch vollständig behoben, da sie auch die naturgeistigen Vorgänge im Schöpfungsbereich, in Makrokosmos und Mikrokosmos, bis ins letzte durchleuchtet. Das physische Universum in seiner Gesamtheit ist in dieser Prophetie ebenso enthalten wie der astrale und geistige Kosmos, Diesseits und Jenseits. Wir erhalten Auskunft über die Entstehung der Welten wie über den Verlauf der Heilsgeschichte, über das Wesen Gottes und der Engel, und erst recht über den Menschen und seine ewige Bestimmung. Dass Christus als der geoffenbarte Vater und Erlöser der Welten bei alledem im Mittelpunkt steht, ist selbstverständlich. -

Es ist eines der vielen Wunder, die in der Heilsgeschichte schon so oft für Überraschungen gesorgt haben, dass dieser Prozess der "Wiederkunft Christi im Wort" in aller Stille vor sich ging. In größter Verborgenheit geschah es, dass der "Schreibknecht Gottes" Jakob Lorber vor bereits über hundert Jahren den Grund legen durfte für eine neue Ära der Menschheitsgeschichte. Es war Gottes Kalkül, in einer relativen Zeit der Verborgenheit alles vorzubereiten, dass das Licht plötzlich hervorbrechen konnte. Allein schon die Naturwissenschaften bestätigen heute das Weltbild der Neuoffenbarung in einer Weise, die niemand für möglich gehalten hätte.

Wie immer bei prophetischen Kundgaben bediente sich der Herr auch bei Jakob Lorber der höchst eigenen Sprache des Mediums. Es darf uns daher nicht wundernehmen, wenn altertümelnde Ausdrucksweisen in Stil und Mentalität der damaligen Zeit vorherrschend sind. Dass es in der Hauptsache eine Herzenssprache ist, mit vielen volkstümlichen Beimengungen, erleichtert das Lesen. Wahrheitsgehalt und Weisheitstiefe der göttlichen Einsprache aber werden in keiner Weise beeinträchtigt.

Das Neuoffenbarungs-Schrifttum, z.B. durch Jakob Lorber mit seinen 25 zum Teil sehr umfangreichen Bänden, hat bereits eine Auflage von über einer Million Exemplaren erreicht. Und hatte man es früher in kirchlichen Kreisen kaum beachtet oder direkt abgelehnt, so setzen sich heute in der großen Glaubenskrise und Seelennot unserer Zeit immer mehr Geistliche ernsthaft damit auseinander; ja, manche von ihnen sind aufs äußerste beeindruckt.

So schreibt zum Beispiel der evangelische Theologe D. Dr. Kurt Hutten: "Dieses Weltbild hat Tiefe und Kraft, umfasst alle Ebenen des menschlichen

Seins und der Geschichte, enthält großartige Vorstellungen wie die des großen Schöpfungsmenschen und hat in erstaunlicher Weise moderne Forschungsergebnisse vorweg genommen, so z. B. die in der Atomphysik erfolgte Auflösung der Materie in Energie und Bewegung. In einer Zeit, in der sich die Dimensionen des Universums durch die Astronomie ins Unermessliche geweitet haben, unsere Erde als ein winziges, belangloses Stäubchen erkannt worden ist, das im Reigen der Sonnen und Milchstraßen verloren umhertreibt, und der Mensch sich in einer frierenden Einsamkeit und Verlorenheit vorfindet, kann das Weltbild Lorbers eine große Hilfe sein. Es gibt der Erde samt ihrer Geschichte und Heilsgeschichte ihre Würde wieder, verleiht dem Glauben eine kosmische Weite, verwebt Diesseits und Jenseits, Mikrokosmos und Makrokosmos ineinander, preist die alle Schöpfung durchwaltende Liebe Gottes und weist mit alledem den Menschen einen Weg zur Geborgenheit."

Der katholische Theologe Robert Ernst: "...25 Bände hat Jakob Lorber in 24 Jahren geschrieben.

Ein Monumentalwerk, das über das Fassungs- und Schaffensvermögen des genialsten Philosophen, Theologen und Schriftstellers hinausgeht."

Der evangelische Theologe Helmut von Schweinitz: "Das Phänomen Lorber mit der Deutung der Tiefenpsychologie abzutun, ist keine überzeugende Erklärung, denn was in seinen Schriften an die Oberfläche des Bewusstseins tritt, sind Erkenntnisse, die aus der Sphäre seines beschränkten menschlichen Wissens nicht stammen können. Zu ihrer Aneignung würde ein Menschenleben nicht ausreichen und alle schöpferische Phantasie nicht genügen. Genauso wenig kann das Lebenswerk Lorbers durch philosophische oder theologische Spekulation erklärt werden. Es bleibt bei ihm wie bei allen prophetischen Phänomenen ein unerklärbarer Rest.

Bei der Untersuchung der Frage, wie Neuoffenbarung und Altoffenbarung zusammen-stimmen, stellt der evangelische Pfarrer Hermann Luger fest: "Beide stehen auf demselben göttlichen Grund. Lorbers Schriften atmen durchaus biblischen Geist.

Nicht nur der Inhalt seiner beiden Hauptwerke "Das große Evangelium Johannes" und "Die Haushaltung Gottes" ist ein biblischer, auch seine anderen Werke sind kernbiblisch. Viele Aussprüche und Reden des Herrn im Großen Evangelium Johannes könnten geradeso gut in einem der vier biblischen Evangelien stehen. Dass sich bei Lorber vieles findet, was in der Bibel, besonders in den vier Evangelien, vollständig fehlt - wie zum Beispiel die Reden des Herrn über die Himmelskörper und die Geheimnisse der Schöpfung -, braucht uns nicht wunderzunehmen und beweist nichts gegen den biblischen Charakter der Neuoffenbarung. Es ist nur verständlich, dass Jesus in den drei Jahren seiner öffentlichen Tätigkeit viel mehr geredet und getan haben muss, als in den Evangelien der Schrift erzählt wird; und wir glauben daher ein Recht zu haben, in der Neuoffenbarung geradeso gut Gottes Wort zu sehen wie in der Bibel. Bibel und Neuoffenbarung sind für uns zwei gleichberechtigte Erscheinungen, die ein und demselben Urgrund entspringen und von denen die eine durch die andere erst recht an Wert und Bedeutung gewinnt."

Vorwort aus dem „Großen Evangelium Johannes“ von Prof. Franz Deml

Die 10 Hauptpunkte der Neuoffenbarung Gottes an die heutige Menschheit

Die Wiederkunft Christi im Wort, in den sinnbildlichen "Wolken des Himmels" (Dan.7:13, Mt.26,64), was bedeutet: das Licht der Wahrheit in erkennbarer und verständlicher Art offenbart.

JESUS erklärt uns in über 10.000 Kapiteln:

1. Den Weltgrund:

Es gibt keinen Stoff im Sinne des Materialismus. Alles ist Energie, nämlich Gottes- oder Geisteskraft, zergliedert in allerkleinste Urgrundteilchen (Urlebensfunken). Auch das bisher als kleinste Einheit betrachtete Stoffatom ist ein aus zahllosen Grundteilchen bestehendes lebendiges Universum in kleinstem Maßstab. (Man vergleiche dazu die neuesten Erkenntnisse der Kernphysik!) Aus den Urgrundteilchen (heute Elektronen oder Quanten genannt) - die nichts anderes als selbständig gemachte Gedankenkräfte Gottes sind - ist das ganze Weltall in planmäßiger Entwicklung aufgebaut.

2. Das Wesen Gottes:

Gott ist ewiger, unendlicher Geist, die Urkraft und der Urgrund alles Seins. Seine höchsten Attribute sind Liebe, Weisheit und Willensmacht. Sein Heiliger Geist erfüllt das ganze All (die "Weltseele" der antiken Religionen). Allein, dieser unendliche Allgeist hat als innerstes ein Machtzentrum, von dem wie aus einer Sonne Gedanken und Willenskräfte in die Schöpfung hinausströmen, um nach einem großen Lebensvollendungskreis wieder zurückzukehren.

In diesem Urmachtzentrum ist Gott wesenhaft gestaltet, und zwar in der höchsten aller Lebensformen: als vollkommener Geistes-Urmensch. ("Gott schuf den Menschen nach seinem Bilde"!) Von diesem Urmachtzentrum aus ist der Gottesgeist ewig schöpferisch tätig.

Die ganze Schöpfung ist ein gewaltiger Entwicklungs- und Vervollkommnungsvorgang der göttlichen Gedanken und Ideen. Er vollzieht sich in ungeheuren, durch Ruhezeiten geschiedenen Perioden ("Schöpfungstagen", "von Ewigkeit zu Ewigkeit")

3. Die geistige Urschöpfung:

Der uns sichtbaren stofflichen Schöpfung gingen geistige Urschöpfungen voraus. In diesen hat Gott aus den gleichsam aus sich hinaus gestellten Urlebensfunken große Geistwesen nach seinem Urbild geschaffen (Urerzengel), die befähigt waren, weitere Geistwesen ihresgleichen aus sich ins Dasein zu rufen. So entstanden Legionen von großen Geistwesen (Engeln), die sich durch das Ordnungsgebot der Gottes- und Bruderliebe zur gottähnlichen Lebensvollendung erziehen lassen sollten. Ein Teil dieser Urwesen unter dem Hauptgeiste Satana (Luzifer) verfiel aber kraft seines freien Willens in grenzenlose Eigenliebe und Selbstherrlichkeit.

Da jedoch nach ewiger Ordnung den Gott-abtrünnigen die nährenden Lebensströme aus Gott versiegen mussten, so erstarrten sie gleichsam und verdichteten sich zu hilflosen Massen. So entstanden im Schöpfungsraum durch Verdichtung geistig-ätherischer Urwesenheiten (Materialisation) die Urnebel der Materie oder des Weltstoffes.

4. Die Stofflich Materielle Schöpfung:

Sollten die gefallenen Urwesen ewig im Banne ihres Gerichtes verbleiben oder doch noch zur Vollendung in Gottes heiliger Lebensordnung zurückgeführt werden? Die göttliche Liebe erkannte sich der gefallenen Geisterwelt: Mit Hilfe der treu gebliebenen Engelsgeister entwickelte der Schöpfer aus den

Urnebeln des Weltenstoffs durch Gliederung und Neubelebung den - in seiner Gesamtheit den "verlorenen Sohn" darstellenden - Bau des materiellen Universums. (Kant-Laplace'sche Weltentstehungslehre geistig begründet!) Damit leitete Gott auf all den zahllosen Weltsystemen und Weltkörpern eine Erlösung (Lösung) der in der Materie gebundenen Urwesen ein.

5. Den Zweck des Naturlebens:

Auf allen Gestirnen werden durch das göttliche Walten die erstarrten Weltstoffmassen mehr und mehr gelockert. Die sich lösenden luziferischen Lebensfunken werden nach Gottes liebe-weisem Heilsplan in den Reichen der Naturwelt von den Engeln, den Dienern des Schöpfers, in immer neue geistige Läuterungsschulen gebracht. Dies, indem sie - zu stets reicheren Verbänden oder "Seelen" vereinigt - in immer höheren Lebensformen stufenweise durch das Mineral-, Pflanzen- und Tierreich emporgeführt werden. (Darwins Entwicklungslehre in allumfassender geistiger Sicht!) -

Auf diesem geistig-leiblichen Entwicklungsweg werden die "Naturseelen" im Bau und Gebrauch ihrer jeweiligen Lebenshüllen (alle Gebilde der drei Naturreiche) angeleitet. Sie beginnen damit, ihre widergöttliche Selbstsucht nach und nach zu überwinden und sich zur himmlischen Ordnung des Dienens in gegenseitiger Liebe zu bekehren. (Aufbau gemeinsamer Verbände, Organismen.) So predigt auch das Evangelium die "Erlösung aller Kreatur" durch die Macht der Liebe.

6. Den Menschen - das Endziel dieser Entwicklung:

Die auf diese Weise aus der luziferischen Materie aufgestiegene Menschenseele soll - unter dem Einfluss eines ihr eingehauchten Gottesgeist- oder Liebefunkens - sich nun im irdischen Leben bewähren. Durch freiwillige Erfüllung der Liebesgebote Gottes soll sich der Mensch immer höher bis zur wahren Gotteskindschaft entwickeln. um schließlich am Ziel der Vollendung zur wahren Freiheit und Seligkeit des ewigen Lebens einzugehen.

7. Die Wesenheit Jesu Christi:

Als die Schöpfung so weit gereift war, um die höchste Enthüllung der göttlichen Liebe - die Gottheit als "Vater" - zu fassen, wählte Gott unsere äußerlich so unscheinbare Erde zur größten Liebetat seiner Erbarmung aus. Hier, wo der innerste Geistkern Luzifers gebannt gehalten wird, hüllte Gott sein geistmenschliches Urmachtzentrum ins Gewand der Materie. ("Und das Wort ward Fleisch.") In Jesus Christus trat Gott selbst ins Menschenreich, um dieses und alle Geister der Unendlichkeit zu belehren. Als höchstes Zeugnis der Liebe zog Er selbst das Kleid der Materie an, um die Gefallenen aus ihrem Gerichte zu erlösen und die Geläuterten wieder ins Vaterhaus zurückzuführen. (Gleichnis vom verlorenen Sohn.)

Jesu Geist, das heilige Urmachtzentrum Gottes, ist der "Vater". Jesu Seele (und Leib), d.h. sein

Menschliches, ist der vom Vater geschaffene "Sohn". Die in die Unendlichkeit ausstrahlenden Gotteskräfte, ausgehend vom Vater durch den Sohn, sind der "Heilige Geist". Und so sind in Christus vereint Vater, Sohn und Hl. Geist (Lösung der Dreieinigkeitsfrage!). Jesus: "Wer mich sieht, der sieht den Vater" und "Ich und der Vater sind eins!"

8. Den Heilsweg zur geistigen Wiedergeburt:

Als einzigen, zu Vollendung und ewigem Leben in Gott führenden Heilsweg lehrte Jesus das Grundgesetz der ganzen Schöpfung: "Liebe Gott über alles und deinen Nächsten wie dich selbst!" Weder äußerliche Werkgerechtigkeit (Sakramentenempfang) noch äußerliche Glaubensgerechtigkeit (Bekenntnisglaube) genügen; sie sind bestenfalls Hilfsmittel für den Heilsweg der reinen, tatkräftigen Liebe, dem Urgrund alles Seins.

Ist im Menschen mit Hilfe des Gottesgeistes die reine Himmelsliebe zum unbeschränkten Herrscher geworden, dann ist der Mensch dem Gerichte der Materie entronnen und hat die geistige Wiedergeburt erreicht. Mit dem ihr eingepflanzten Gottesgeist völlig verbunden, vermag die geläuterte Seele sodann zu einem wahren Gotteskind zu werden, "eins" mit ihrem Schöpfer und himmlischen Vater und ewig teilhabend an der Fülle seiner göttlichen Lebens- und Wirkungs-kräfte.

9. Die Fortentwicklung im Jenseits:

Die meisten Erdenmenschen treten nach ihrem Leibestod noch unvollendet in die feinstofflichen Jenseitssphären ein. Ihnen bietet die göttliche Liebe drüben neue Schulungsstätten, um schließlich alle - wenn auch oftmals auf weit schwierigeren und pein-volleren Wegen - doch noch zur Vollendung zu führen. Denn der göttliche Plan einer allgemeinen Erlösung kennt keine ewige Verdammnis!

Um das Endziel zu erreichen, gelangen die noch unreif aus dem Leben scheidenden Seelen im "Jenseits", d.h. in der irdisch unsichtbaren geistigen

Welt zunächst in eine Art Traumleben. Hier wird ihnen zu ihrer Belehrung ein von ihren Schutzmächten geleitetes innergeistiges Schauen und Erleben zuteil, das je nach ihrer guten oder bösen Gesinnung ein paradiesisch-wonnevolles oder höllisch-qualvolles Empfinden hervorruft. "Himmel und Hölle" sind somit keine Örtlichkeiten, sondern geistige Entwicklungszustände der Seele. - Stark selbstische, erdgebundene Seelen werden auch durch Wiedereinzeugung (Reinkarnation) auf anderen stofflichen Welten oder zuweilen auch auf unserem Erdplaneten weiter geschult.

10. Das Ziel der Vollendung:

Seelen, die sich auf Erden oder in der jenseitigen Welt zur reinen Gottes- und Nächstenliebe läutern ließen, gelangen zu stets neuer und beseligender Wirklichkeit. Ihre geistige Schau und Wirkungsmacht erweitert sich in den dreifach gestuften Himmeln, entsprechend der Reinheit und Stärke ihrer Liebe. Die endloser Steigerung fähige Seligkeit der Vollendeten besteht in immer tieferer Erkenntnis Gottes, immer größerer Liebe zu Ihm und all seinen Geschöpfen, sowie in stets wirkungsreicherer Mittätigkeit am hohen Werke der Schöpfung als der Offenbarung alles Seins und Lebens.

* * * * * * *

Schon diese kurzen Andeutungen lassen erkennen, dass bei den neuen Offenbarungen Gottes (den "Wolken des Himmels", siehe Daniel 7,13 und Matthäus 26,64, *HH*) eine geistige Religion von größter Weite, Einheitlichkeit und Folgerichtigkeit vorliegt. Sie vermittelt eine erhabene Lebenslehre reinster Liebe und höchster Tatkraft, in der die Gottheit, der Vater in Jesus, den Grundstein bildet.

Die ganze Fülle und Vielseitigkeit der Lehre eröffnet freilich erst das eingehende Studium der Wiederkunft JESU im Wort Seiner Neuoffenbarungen. Diese bieten gerade das, worum die besten Geister unserer Generation zutiefst ringen: eine Synthese zu finden zwischen der Heilandslehre der

Bibel und dem Entwicklungsgedanken der Wissenschaft. Daraus ergibt sich ein übereinstimmendes, an kein konfessionelles Bekenntnis gebundenes Christentum, das durch seinen Ethos der Liebe und die Tiefe seiner Erkenntnis alle Menschen zu einer hochgesinnten Geistes- und Lebensgemeinschaft zu einen vermag.

Aus "Ein Mann hört eine Stimme", Lorber-Verlag Bietigheim

Jakob Lorber und die Neuoffenbarung

Jakob Lorber (1800 - 1864) war ein von Gott erwählter Mann. Sein prophetisches Werk, das ihm durch inneres göttliches Diktat mitgeteilt wurde, wird in seiner Bedeutung in unserer Zeit immer mehr erkannt. Das 25bändige Werk schließt alle Fragen auf, die uns über die Heilsgeschichte, ja sogar über die gesamte Schöpfungsgeschichte bewegen. Da wird sowohl die Entstehung wie auch der Aufbau der Welten in ihrem physischen, astralen und geistigen Bereich bis ins kleinste durchleuchtet. Besonders aber erfahren wir alles über das Wesen Gottes, über die Welt der Engel, die jenseitigen Läuterungsstufen der Seelen nach dem irdischen Tod und, im Mittelpunkt stehend, das Wesen des Erlösers Jesu Christi.

Am 15. März 1840 vernahm er beim Morgengebet „in der Gegend des Herzens" eine Stimme, klar und hell, die ihm gebot: „Steh auf, nimm deinen

Griffel und schreibe!“ Diesem geheimnisvollen Rufe gehorchend schrieb er die folgenden Worte nieder: „So sprach der Herr zu mir und in mir (Jakob Lorber) für jedermann, und das ist wahr, getreu und gewiss: Wer mit Mir reden will, der komme zu Mir, und Ich werde ihm die Antwort in sein Herz legen. Jedoch die Reinen nur, deren Herz voll Demut ist, sollen den Ton Meiner Stimme vernehmen. Und wer Mich aller Welt vorzieht, Mich liebt wie eine zarte Braut ihren Bräutigam, mit dem will Ich Arm in Arm wandeln. Er wird Mich allezeit schauen wie ein Bruder den anderen, und wie Ich ihn schaute schon von Ewigkeit her, ehe er noch war.“

Lorber hatte zuvor gerade das unerwartete Angebot erhalten, an der Oper in Triest die Stelle eines zweiten Kapellmeisters zu übernehmen und schon alle Reisevorbereitungen getroffen. Doch nach diesem ihn tief erschütternden Ereignis entsagte er, jetzt schon im 40. Lebensjahr stehend, diesem verlockenden Angebot und widmete sich fortan als „Schreibknecht Gottes“, wie er sich zuweilen nannte, bis zu seinem Lebensende der

Niederschrift dessen, was er in sich durch das „Innere Wort“ vernahm und als Stimme Jesu Christi, das lebendige Wort Gottes empfand. Seinen oft dürftigen Lebensunterhalt musste er nun weiterhin als Musiklehrer und Klavierstimmer verdienen, weil er sein ansehnliches Erbteil seinem Bruder zum Existenz-Aufbau leihweise überlassen hatte, aber zeitlebens nichts mehr davon zurückerhielt.

Für den Gesamtinhalt der Niederschriften Lorbers hat sich unter ihren Freunden seit langem die Bezeichnung „Neuoffenbarung“ (im Unterschied zur biblischen „Altoffenbarung“) eingebürgert. Sie will die ursprüngliche und vollständige Gottes-, Erlösungs- und Heilslehre, deren Kenntnis Jesus zum Teil seinen Aposteln und engsten Schülern vorbehalten musste, den Menschen des Industrie- und Informationszeitalters frei von traditionellen und modernen Irrtümern und Entstellungen, zusammen mit weiteren, erst den Menschen unseres Zeitalters begreiflichen Enthüllungen zugänglich machen. Das betrifft die im Mittelpunkt stehende Gottes- und Heilslehre wie auch die Aufschlüsse über die geistige Urschöpfung, den Entstehungsgrund und Zweck des materiellen Universums sowie die Läuterung und Weiterentwicklung irdischer Verstorbener in den verschiedenen jenseitigen Sphären.

Die Neuoffenbarung macht uns auch wieder bekannt mit den gesetzmäßigen Entsprechungen zwischen Dingen und Vorgängen in der geistigen und in der natürlichen Welt und dem rechten Verständnis ihrer Bildersprache. Die Kenntnis der geistigen Entsprechungen, zur Zeit Jesu nur noch wenigen Eingeweihten geläufig, ist der Schlüssel zum wahren Verständnis des inneren Sinns vieler Texte des Alten und Neuen Testaments, besonders des Johannes-Evangeliums als des geistigsten (übrigens auch in äußeren Dingen zuverlässigsten) der Evangelien, der Geheimen Offenbarung des Johannes und auch zahlreicher Texte der Neuoffenbarung.

Letztere bietet auch die beste Grundlage für eine wirklichkeitsgerechte Verbindung von geistiger Religion und wahrer Naturerkenntnis in einem Weltbild, in das die schon in frühchristlicher Zeit verlorengegangene kosmische Dimension und auch der Bereich des Übersinnlichen (heute als Parapsychologie und Paraphysik bezeichnet) wieder einbezogen sind. Auch in der Bibel berichtete außergewöhnliche, gemeinhin als „Wunder“ bezeichnete Ereignisse und Taten, deren Tatsächlichkeit zumeist geleugnet wird, verlieren durch die Neuoffenbarung den traditionellen Nimbus des unerklärlichen Mirakels, weil sie, auch für menschliche Vernunft nachvollziehbar, einer höheren geistgelenkten Naturgesetzlichkeit unterliegen. Christentum und Wissenschaft, Schöpfungslehre und Entwicklungsgedanke, Herzenserkenntnis und rationales Denken verbinden sich in der Neuoffenbarung zu einem übereinstimmenden, an kein konfessionelles Bekenntnis gebundenen Christentum. Es vermag in Jesus Christus alle Menschen zu vereinen in der Liebe zu Gott und tätiger Menschenliebe und Fürsorge für die uns anvertraute Schöpfung.

Von den 25 umfänglichen Bänden und einer Reihe kleinerer Schriften des Lorberwerks seien hier nur das „Große Evangelium Johannes“ und die

„Jugend Jesu“ genannt. Im „Großen Evangelium Johannes“ besitzen wir gemäß biblischer Verheißung in Joh. 14,26 eine eingehende Schilderung der Lehrtätigkeit und des Wirkens Jesu. Wir werden gleichsam Ohrenzeugen auch jener Lehrgespräche, die Jesus nur im Kreise seiner reiferen Jünger und Freunde führen konnte und die, wie auch manche Heilungen, nicht zur späteren Aufzeichnung in den biblischen Evangelien bestimmt waren. Das zehnbändige Werk bildet gleichsam die „authentische Langfassung“ des biblischen Johannes-Evangeliums, dessen Chronologie es folgt, und ist das Herz- und Hauptstück der Gottesbotschaft durch Jakob Lorber.

Die „Jugend Jesu“ macht uns wieder mit dem seit frühchristlicher Zeit – bis auf geringe Teile, die in der „Berlenburger Bibel“ überliefert sind – verschollenen vollständigen Jakobusevangelium vertraut. Der von Jakobus dem Älteren (dem jüngsten Sohn Josephs aus erster Ehe und Helfer Marias bei der Betreuung ihres Kindes Jesus) verfasste ausführliche Bericht über Empfängnis und Geburt Jesu, ferner die mit römischer Hilfe gelungene Flucht der Familie vor dem Kindesmörder Herodes nach der damaligen Stadt Ostracine in Ägypten, ihr dortiger Aufenthalt und die Rückkehr nach Nazareth –, und vieles Weitere wird in einer Weise geschildert, die unser Gemüt tief anrühren, uns das Empfinden unmittelbaren Beteiligtseins vermitteln und etwas vom Wirken des Gottesgeistes im Kinde Jesus verspüren lassen kann.

Nach den prophetischen Kundgaben Lorbers vor 150 Jahren steht die Menschheit gegenwärtig mitten in der größten inneren und äußeren Umwälzung ihrer Geschichte und durchläuft in diesen Jahrzehnten den letzten, äußerst turbulenten und durch menschliches Fehlverhalten, zunehmende Naturkatastrophen und technische Großunfälle geprägten Abschnitt (End- und Wendezeit) vor dem Durchbruch in ein neues Zeitalter, dem verheißenen Friedensreich Jesu Christi, in dem die Menschen den Geist Seiner Liebe in sich zur Herrschaft gelangen lassen.

Hermann-Josef Brodesser, Lorber-Verlag

Die Hauptwerke der Neuoffenbarung Gottes an Jakob Lorber

Die Haushaltung Gottes – 3 Bände:

Dieses Werk behandelt in einer machtvollen Propheten-Sprache die Hauptgrundfragen allen religiösen Denkens: Das Wesen Gottes, die Urschöpfung der Geisterwelt, die Entstehung der (materiellen) Sinnenwelt, die Erschaffung des Menschengeschlechts und die Urgeschichte der Menschheit bis zu der großen vorderasiatischen Erdkatastrophe der Sintflut. Was die ersten Kapitel der Bibel gewissermaßen in einem Samenkorn geben, das finden wir in dieser „Haushaltung" als einen mächtigen, das Samenkorn erst recht bestätigenden und verherrlichenden Baum der Erkenntnis. Das Wesen Gottes und seiner geistigen und stofflichen Schöpfung wird uns hier in unvergleichlicher Weise vor die Seele geführt, sowohl nach der unnahbar erhabenen Seite, wie nach der bis ins Kleinste sich hinab beugenden Liebe Gottes. Und ein tiefer, voller Strom des Lichts fällt schließlich in der Urgeschichte der Väter auf den wahren Zweck und Sinn und auf die Führungen des menschlichen Lebens.

Band 1 – Die Urgeschichte der Menschheit

- Das Geheimnis der Schöpfung
- Die Urzeit der Erde und des Mondes
- Der Sündenfall
- Die Geburt Cahins und Ahbels
- Die Entwicklung von Cahins Geschlecht
- Gründung der Stadt Hanoch in der Tiefe
- König Hanochs gottlose Regierung
- Die Nachfolger Hanochs bis zu König Lamech
- Urgeschichte des chinesischen Volkes
- Gegensätze zwischen Gott und den Menschen
- Gründung der ersten ordnungsmäßigen Kirche dieser Erde

- Vom Wesen der Zeit und der Ewigkeit
- Vom Wesen des Lebens
- Eine Verheißung des Herrn u.a.

Band 2 – Aufstieg und geistige Blüte des ersten Weltreiches Hanoch

- Ehestiftungen durch den Herrn: Lamech und Ghemela werden die Eltern Noahs sein
- Henoch vom Herrn zum Hohepriester eingesetzt und des Herrn Verheißung an ihn
- Die Verklärung Sehels
- Lamechs Bekehrung
- Erbauung des ersten Tempels in Hanoch
- Henoch: alleiniger Hohepriester dieser Zeit, „da Himmel und Erde in Eines geflossen sind“
- König Lamech: Oberpriester des neuen Tempels

Band 3 – Die ersten Hochkulturen - Entartung und Untergang in der Sintflut

- Liebesbund des Herrn mit der ganzen Erde

- Szene mit Satana
- Hanochs Goldenes Zeitalter im geistigen Sinne
- Verbannung Satanas durch Henoch in den Mittelpunkt der Erde
- Adams und Evas Tod
- Henochs Hinwegnahme
- König Lamechs Tod
- Allmählicher moralischer Verfall auf der Höhe und in der Tiefe
- Massenzuwanderung von Männern und Frauen der Höhe ins Riesenreich Hanoch und neuer moralischer Niedergang
- Hochblüte der Technik und Zivilisation, großartige Stadtkulturen
- Einführung des Heidentums in Hanoch
- Machtkämpfe, Intrigen und Kriegswirren im ganzen Reich
- Mahal (Bruder Noahs) und seine Kinder verstrickt in die tragischen Ereignisse der Tiefe

- Beginn der durch die Völker der Tiefe selbst verschuldeten Sündflut
- Mahals Verklärung und Engelsdienst in der Führung der Arche Noahs. Anhang: die vornoahische Gestalt der Erde

Kindheit und Jugend Jesu:

Bei diesem Werk handelt es sich um das durch J. Lorber wieder-empfangene Jakobus-Evangelium. Der Herr hatte ihm diese Neuoffenbarung schon im voraus am 22. Juli 1843 angekündigt und hinzugefügt: „Jakobus, ein Sohn Josephs, hat solches alles aufgezeichnet; aber es ist mit der Zeit so sehr entstellt worden, dass es nicht zugelassen werden konnte, als echt in die Schrift aufgenommen zu werden. – Ich aber will dir das echte Evangelium Jakobi geben, aber nur von der Zeit an, da Joseph Maria zu sich nahm. Jakobus hatte auch die Lebensbeschreibung Mariens von ihrer Geburt an mit aufgenommen sowie die des Joseph."

Und nun empfing der auserwählte Mittler durch

die Stimme des Geistes in seinem Herzen eine umfassende, wunderbare Schilderung der Geburt und Kindheit Jesu von so inniger, erhebender Schönheit und Macht, dass wohl kein Herz den göttlichen Ursprung und die Wahrheit dieses kostbaren Schriftwerkes verkennen kann. Das Werden und Sichentfalten des Jesuskindleins unter der Obhut Marias im Hause des Pflegevaters Joseph, auf der Flucht nach Ägypten und dann wieder zu Hause, in Nazareth, entrollt sich vor unseren Augen.

Wir erleben das erste wunderbare Wirken und Sichbekennen des Gottesgeistes in dem Kindlein und empfangen mit freudigem Staunen ungeahnte Einblicke in das heilige Geheimnis der Person Jesu. Es wird uns die beseligende Gnade, im „Sohne" den „Vater" zu erkennen und mithin in Jesus „Vater, Sohn und Heiliger Geist" vereinigt zu finden.

Mit den Bruchstücken der alten Überlieferung in der Berlenburger Bibel ist – bei Berücksichtigung der diesem Text widerfahrenen Veränderungen und Entstellungen – eine starke, teilweise wörtliche Übereinstimmung festzustellen. Und so beweist der

Inhalt, dass uns in dieser Jugendgeschichte Jesu durch Jakob Lorber tatsächlich eine alte christliche Urkunde von unschätzbarem Wert neu gegeben ist.

Das große Evangelium Johannes 11 Bände:

Ist es nicht der Wunschtraum eines jeden Christen, möglichst das Ganze über Jesu Erdenwirken zu erfahren? Da die Evangelien aber mehr oder minder im Rahmen einer historischen Berichterstattung bleiben, muss es auch Propheten geben, die Eingeweihten-wissen vermitteln. So war der Menschheit der Heilige Geist verheißen worden, sie „alles zu lehren und an alles zu erinnern". Gemäß Joh. 16,12-13 lautete ein bezügliches Wort Jesu an die Jünger:

> „Ich habe euch noch viel zu sagen; aber ihr könnt es jetzt nicht tragen. Wenn aber jener, der Geist der Wahrheit, kommen wird, der wird euch in alle Wahrheit leiten. Denn er wird nicht von sich selber reden; sondern was er hören wird, das wird er reden, und was künftig ist, wird er euch verkünden."

Eine solche Verkündung aber konnte, wie eh und je, nur Aufgabe der Prophetie sein. So gab es auch in allen Jahrhunderten, angepasst an den Reifezustand der Menschen, eine solche nach-christliche Einweihung durch das direkte innere Wort. Das größte Einweihungswissen ging selbst-verständlich von Christus selber aus, wie er es im Kreise seiner Jünger auf Erden weitergab. Dass vieles davon unter Schweigegebot stand, bezeugt die Bibel. Mit dem Hauptwerk Jakob Lorbers „Das Große Evangelium Johannes" wird uns auf dem Hintergrund des Lebens Jesu die ganze Lehre, die ganze Heilsgeschichte, das Wunder von der Begegnung des Göttlichen mit dem Menschlichen in aller Tiefe erschlossen. Dabei gibt Jesus selbst als Sprecher und Erzähler uns authentische Berichte von seinen Erdentagen.

Von der Hölle bis zum Himmel – 2 Bände:

Mit welcher Gewalt manche Seele im Jenseits von der Gottesliebe ergriffen wird, sobald sie nur in eine lichtere Sphäre gelangt ist, zeigt uns das

Beispiel von Robert Blum. Auf Erden hatte er sich als Revolutionär aus Überzeugung mit Feuereifer für die Belange der unterdrückten Schichten eingesetzt. In Dingen der Religion aber war er indifferent und skeptisch geblieben. Drüben allerdings lernte er dann sehr bald die Führungen Gottes kennen. Die Lehre von der Eigenverantwortung des Menschen, die sein Schicksal auch nach dem Hinübertritt bestimmt, wird von Stufe zu Stufe lebendig miterlebt. Und manche drastisch-realistisch geschilderte Szene in der Geisterwelt beweist uns, dass der Mensch nach dem Ablegen seines Erdenleibes zunächst ganz derselbe Mensch bleibt, mit seiner Sprache, seinen Ansichten und Gewohnheiten, Neigungen und Leidenschaften, wie während seines Leibeslebens. Das geistige Wachstum im Jenseits hängt – drüben wie hier – einzig davon ab, wie das Grundgebot der Gottes- und Nächstenliebe verwirklicht wurde und wird. Im gleichen Maße wächst auch die Christus-Erkenntnis, und alle Kräfte helfen mit, besonders die Engel und auch der Herr selbst, dass eine geläuterte Seele zu ihrem eigentlichen

Erlösungsziel gelangt.

Bischof Martin:

Wir sehen hier einen Menschen, wie er nach seinem letzten irdischen Atemzug das große Tor zum Jenseits durchschreitet. Drüben angekommen, bildet sich seine „Sphäre“ – zunächst einem Traumleben gleich, das noch ganz seine irdischen Irrtümer, Vorstellungen und Wünsche wider-spiegelt. Wir begleiten ihn bei seinen mannigfachen Vor- und Rückschritten auf dem Pfad der Erkenntnis und sehen, wie sich ihm mancherlei höhere Geistwesen und Engel zugesellen, die ihn durch läuternde und belehrende Erlebnisse für eine wahre Erkenntnis Gottes zubereiten.

Wir verfolgen, wie es immer lichter in der Seele des einstigen Bischofs wird und ihn sein geistiges Erwachen endlich in die hohen Welten der himmlischen Sphären führt. Seine wachsende Liebe lässt ihn nun das Göttliche in Jesus als den Vater der Ewigkeit erkennen, und damit tritt er in den Zustand seiner Vollendung ein, in die Gotteskindschaft mit all ihrer Freiheit, Schöpfergabe und Seligkeitsfülle. Wer die ersten Szenen dieses jenseitigen Schulungswerkes mit dem erreichten Endziel vergleicht, wird ermessen, welchen Weg ein Menschengeist zu durchschreiten vermag, der sich von Sphäre zu Sphäre durchringt bis zu den höchsten Höhen.

Für den aufgeschlossenen Leser bildet dieses Buch nicht nur ein beglückendes Zeugnis für die liebe- und weisheitsvolle Führung des Menschen nach seinem Erdenleben. In den Gesprächen und Erlebnissen Martins mit vollendeten Geistern wie Petrus und Johannes und zuletzt mit dem Herrn selbst findet jeder Suchende eine Überfülle klarster Antworten auf die Fragen nach den Letzten Dingen. Und ihn weht eine heilige Ahnung an von der Unermesslichkeit der großen Schöpfungsidee, aber auch von der Würde des Menschen, wenn er in der erreichten Gotteskindschaft zur Krone der Schöpfung herangereift ist.

Die geistige Sonne – 2 Bände:

Dieses große Lehrwerk von den Zuständen des Jenseits führt uns gleichsam in zehn Geistersphären, das heißt, wir treten in das innere Blickfeld von zehn verschiedenen Geistwesen, die einst irdisch verkörpert waren. Ihre hohe und höchste Erkenntnis hat durch den Grad ihrer Liebe zum himmlischen Vater die verwandte, jedoch eigen geprägte Art ihrer seelischen Welten gestaltet.

Mit dem Eintritt des Lesers in die Sphären dieser zehn Geister – darunter sich die Apostel Petrus, Markus und Paulus, der Prophet Daniel, der Seher Swedenborg und zuletzt Johannes als der Inbegriff errungener Liebeweisheit befinden – erschließt sich ihm ein geistiges Bild von überwältigender Größe und Weite.

In sich stets steigernden Bildern und Szenen, die zugleich eine einmalige Schule der wichtigen Entsprechungslehre bilden, erhalten wir Einblicke in die Geheimnisse der Naturschöpfung von der Erde bis zu den Zentralsonnen. Darüber hinaus eröffnen sich aus der Sphäre dieser erleuchteten Geister Zusammenhänge zwischen den sichtbaren Welten des Universums und den unsichtbaren des geistigen Alls, die geeignet sind, das zu eng gewordene Weltbild von heute grundlegend umzuformen und zu einer überzeugenden Klarheit zu führen.

Hier reichen sich wahre Religion und Wissenschaft die Hand zu einem neuen Bund des schauenden Erkennens, und der Menschengeist beginnt etwas zu ahnen von der grenzenlosen Liebe, Weisheit und Allmacht des Schöpfers, welcher auf millionenfachen Wegen alles erdhaft Gebundene in die wahre Freiheit des Geistes zurückführt.

Die 3 Tage im Tempel:

Diese Schrift gibt einen Bericht der Vorgänge im Tempel, als der zwölfjährige Jesusknabe drei Tage lang unter den Lehrern und Ältesten weilte und mit ihnen tief-weise Gespräche, namentlich über die Messiasfrage, führte, worüber bei Lukas 2,47 nur knapp berichtet ist: „Und alle, die ihm zuhörten wunderten sich seines Verstandes und seiner Antworten.“

Paulus' Brief an die Gemeinde in Laodizea:

Der Brief des Paulus an die Christengemeinde in Laodizea (erwähnt in Kol. 4,16) musste bis heute trotz eifriger Nachforschungen als verloren gelten. Auch dieses verschollene, wichtige Dokument aus der Zeit der jungen Christengemeinden wurde an Jakob Lorber durch inneres Diktat neu gegeben. Paulus, der sich leidenschaftlich für die Reinhaltung des Evangeliums einsetzte, führt in diesem Brief an die Laodizäer scharfe Klage, da sie ähnlich wie die Kolosser aus dem reinen Geistchristentum in ein zeremonielles Kirchen-christentum verfallen waren.

Erde und Mond:

Hier offenbart sich die Erde als ein kosmischer Körper, in dem es nichts Totes, Unbelebtes gibt, als ein pulsierender Organismus mit allen Organen, wie sie analog dem irdischen Menschenleib zu eigen sind. Es eröffnet sich eine innere Wunderwelt, in der gewaltige Elementarkräfte den Ausdruck eines planbeseelten Entwicklungsvorgangs bilden, auf den alles Naturgeschehen hinzielt. Enthüllt schon der erste Teil dieser Schrift (die natürliche Erde) neben der materiellen Beschreibung des Erdkörpers vieles von dem naturgeistigen Sinn, so schildert der zweite Teil (die geistige Erde) die metaphysischen Zustände, die der Erde zugehören. Indem diese Darstellungen vom Wesen der Urschöpfung ihren Ausgang nehmen, wird damit das ganze Werk zu einer geistigen Lichtquelle höchster Erkenntnis. Im Anhang dazu findet sich als dritter Teil (der Mond) eine Schilderung der natürlichen Mondwelt mit der verschiedenen Beschaffenheit beider Mondhälften und ihrer Lebensbedingungen.

Jenseits der Schwelle:

Über die jenseitigen Schicksale der Seelen ist noch immer wenig bekannt, da ja jede Seele entsprechend ihrem Erdenleben zunächst eine ihrem inneren Zustand entsprechende Welt erwartet. Das Sterben des Menschen, sein Übertritt zunächst in eine aus seinen Gefühlen, Begierden und Vorstellungen erschaffene Traumwelt, und seine durch leitende Geister und Engel unterstützte Jenseitsführung werden in teils angenehmer, teils erschreckender Art beschrieben.

Quelle: Lorber-Verlag, Bietigheim, Bestellungen hierüber möglich

Schlussbemerkung

Jakob Lorber hat die umfassendsten und größten Offenbarungen erhalten. Auch als sehr bedeutend können die Schauungen Emanuel Swedenborgs angesehen werden, welche im 18. Jahrhundert eine Art Vorläuferschaft zu den im 19. Jahrhundert gegebenen großen Enthüllungen des Herrn durch Jakob Lorber darstellen.

Ebenfalls sehr Aufschlussreich sind die Einzelkundgaben, die Gottfried Mayerhofer, Max Seltmann und Bertha Dudde niederschrieben.

Bei aller Wortfülle sollte jedoch beachtet werden, dass die Offenbarungen immer mit der rechten Liebe zu Gott gelesen werden müssen, um den Geist Gottes im Menschen zu erwecken und Diesen dann, nach Anleitung durch das Gotteswort, in der Seele auch tatkräftig auszubilden.

Ich danke dem Lorber-Verlag in Bietigheim für die freundliche Genehmigung. Alle Bücher der Neuoffenbarungen Jesu Christi, welche Jakob

Lorber, Gottfried Mayerhofer und andere empfingen, sind dort erhältlich. Die Bezugsquellen weiterer Bücher und Schriften erfahren Sie über das Internet.

Ich wünsche allen Lesern viel Freude und Dankbarkeit mit dem Liebelicht aus der großen Gnade unseres geistigen und ewigen Vaters Jesus Christus.

Hanno Herbst   Im Bergfrieden, 23.12.2018